车辆工程专业卓越工程师计划系列教材

动车组车体实践教程

主编 田爱琴

主审 周建乐　吴作伟

首次扫描二维码安装加阅 App，安装成功并注册后，点击"扫一扫加入我的书架"，即可获取本书更丰富资源。

北京交通大学出版社

·北京·

内 容 简 介

《动车组车体实践教程》作为车辆工程专业卓越工程师计划系列教材之一，主要介绍了车体结构、车体附属设备、设计技术、试验方法和检修技术等内容。

全书分为8章。第1章介绍了高速动车组车体结构的发展过程、结构特点、部件结构；第2章介绍了车钩缓冲装置、前罩开闭机构、前头排障装置、受电弓导流罩、车下设备舱、防爬装置等车体附属设备；第3章介绍了车体性能设计验证与相关的国内外标准；第4章介绍了头型设计方法、空气动力学仿真分析技术，以及气动性能风洞试验、气动噪声风洞试验、动模型试验和空气动力学实车线路试验等试验验证方法；第5章介绍了被动安全的相关国内外标准、吸能元件与结构，以及被动安全性能验证方法；第6章介绍了车体铝合金材料特点及分类、相关标准，以及焊接、铆接、螺纹连接和胶接等连接技术；第7章介绍了车体强度刚度试验、车体模态试验、车钩缓冲装置试验、前罩开闭机构试验等型式试验；第8章介绍了车体结构、车钩缓冲装置、前罩开闭机构、前头排障装置、受电弓导流罩、车下设备舱的检修技术。

本教材是车辆工程专业卓越工程师计划系列教材之一，也可供铁路高职和中职学校师生，以及从事机车车辆、动车组、城市轨道车辆相关专业的工程技术人员学习参考。

图书在版编目（CIP）数据

动车组车体实践教程/田爱琴主编. —北京：北京交通大学出版社，2017.4

ISBN 978-7-5121-3072-2

Ⅰ. ① 动… Ⅱ. ① 田… Ⅲ.① 高速动车-车体-高等学校-教材 Ⅳ. ① U266

中国版本图书馆 CIP 数据核字（2016）第 298990 号

动车组车体实践教程
DONGCHEZU CHETI SHIJIAN JIAOCHENG

责任编辑：陈跃琴　　助理编辑：陈可亮

出版发行：北京交通大学出版社　　　　　电话：010-51686414　　http://www.bjtup.com.cn

地　　址：北京市海淀区高梁桥斜街44号　　邮编：100044

印 刷 者：北京艺堂印刷有限公司

经　　销：全国新华书店

开　　本：185 mm×260 mm　　印张：8.25　　字数：203 千字

版　　次：2017 年 4 月第 1 版　　2017 年 4 月第 1 次印刷

书　　号：ISBN 978-7-5121-3072-2/U·258

印　　数：1～2 000 册　　定价：24.00 元

本书如有质量问题，请向北京交通大学出版社质监组反映。对您的意见和批评，我们表示欢迎和感谢。

投诉电话：010-51686043，51686008；传真：010-62225406；E-mail：press@bjtu.edu.cn。

前　　言

　　铁路运输客运的高速化已经成为现代交通运输领域的趋势。高速铁路是庞大复杂的系统工程，被称作"大国技术"，集合了多学科、多领域的高新技术，集中展示综合国力、经济社会发展水平和自主创新能力。高速列车是高速铁路的关键子系统，与高速铁路其他五个子系统（工务工程、通信信号、牵引供电、运营调度、旅客服务）之间存在轮轨关系、弓网关系、流固关系、电磁兼容等典型耦合关系。其中，高速列车是高速铁路的核心技术之一，其自身也是多学科、多系统、多部件的集成。高速列车融合了系统集成技术、高速转向架技术、高强轻型车体结构技术、交流传动技术、复合制动技术、减阻降噪与密封技术、网络控制技术、空调通风技术等一系列当代最新技术成果。其中，高速列车总体设计是各系统的设计输入及贯穿主线，目的是确保高速铁路各子系统之间、高速列车自身各系统之间的相互兼容、整体优化。

　　在学生培养和知识传播过程中，教材建设是必不可少的重要环节，尤其是在现代技术与知识不断更新的状况下，编写动车组车体实践的教材显得尤为迫切。青岛四方机车车辆股份有限公司联合北京交通大学车辆工程专业，以高速动车组设计制造流程及方法为基础，并结合北京交通大学教学经验，编写了本教材。

　　本书作为车辆工程专业卓越工程师计划系列教材之一，主要介绍了车体结构、车体附属设备、设计技术、试验方法和检修技术等内容。全书分为8章。第1章介绍了高速动车组车体结构的发展过程、结构特点、部件结构；第2章介绍了车钩缓冲装置、前罩开闭机构、前头排障装置、受电弓导流罩、车下设备舱、防爬装置等车体附属设备；第3章介绍了车体性能设计验证与相关的国内外标准；第4章介绍了头型设计方法、空气动力学仿真分析技术，以及气动性能风洞试验、气动噪声风洞试验、动模型试验和空气动力学实车线路试验等试验验证方法；第5章介绍了被动安全的相关国内外标准、吸能元件与结构，以及被动安全性能验证方法；第6章介绍了车体铝合金材料的特点及分类、相关标准，以及焊接、铆接、螺纹连接和胶接等连接技术；第7章介绍了车体强度刚度试验、车体模态试验、车钩缓冲装置试验、前罩开闭机构试验等型式试验；第8章介绍了车体、车钩缓冲装置、前罩开闭机构、前头排障装置、受电弓导流罩、车下设备舱的检修技术。

　　本书主编为田爱琴。参加编写的有陈文宾、段浩伟、杜健、赵士忠、陈书翔、郭志成。陈文宾编写了1.1节，2.1节，第3章，6.1节、6.4~6.7节；陈书翔编写了1.2节，2.2节、2.4节、2.7节；赵士忠编写了1.3~1.5节，2.5节，第5章，第7章；杜健编写了1.6节，2.3节，第4章；郭志成编写了2.6节，第8章；段浩伟编写了6.2节、6.3节。

　　青岛四方机车车辆股份有限公司周建乐与北京交通大学机械与电子控制工程学院吴作伟副教授在百忙中审阅了全稿，并提出了许多重要的修改意见。在此，对他们的工作和帮助表示衷心的感谢！

北京交通大学，青岛四方车辆研究所有限公司，戚墅堰机车车辆工艺研究所有限公司，青岛四方机车车辆股份有限公司技术中心、技术工程部、国家工程实验室、科技发展部等单位为教材的编写提供了资料和帮助，在此表示衷心的感谢！

由于水平有限，时间仓促，疏漏之处在所难免，恳请读者批评指正。

编　者

目　　录

第1章

车 体 结 构

1.1 概 述

车体结构作为车辆承载的主体结构，既是旅客的乘坐载体，又是安装与连接车辆其他各组成部分（转向架、制动装置、车端连接装置、车辆内部装饰设备等）的基础。车辆运行时车体结构承受各种垂向、纵向及横向等载荷的综合作用。因此，车体结构强度应按相关标准要求，既要满足各种极端条件下承受的静载荷、动载荷及冲击载荷的要求，还要满足架车、起吊、救援、调车、联挂、多车编组回送作业等各种工况下的不同载荷作用要求。

车体结构的主要设计要求包括强度、刚度、振动频率与模态等方面内容，例如：车体应力不超过设计许用应力值，不产生永久变形及损坏；在使用年限内的工作载荷作用下不发生疲劳失效；车体刚度满足相关标准；在正常载荷作用下，车体结构的最大位移不超过标准要求的极限值；车体固有振动频率与转向架固有振动频率相互错开，同时避开车下吊装电气设备频率的整数倍值，以及空压机等产生振动的频率值，以防止车辆正常运行时发生共振。

根据所用主要材料的不同，高速动车组车体主要分为铝合金车体和不锈钢车体两类。

1.1.1 铝合金车体发展过程

最早的真正的铝合金制车体是山阳电铁 2000 系，以 A5083 合金和 A6061 合金作为外板和小型骨架材料，形成外壳框架型式，基本上与钢制车体结构相同。各部件焊接组装，但车体结构的总装采用铆接。结构车体实例如图 1–1 所示。

随后研制出的高强度焊接结构用合金 A7N01，用于底架及上部车体结构的骨架。车体结构的总装采用焊接。新开发的合金挤压性能逐步增强，部分外板和骨架的组装已经转变为一体的挤压型材，达到了轻量化和节省材料的目的。此时的代表性车体结构是 200 系新干线的车体，见图 1–2。

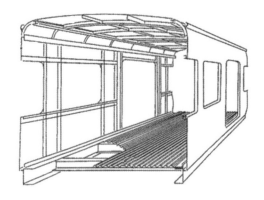
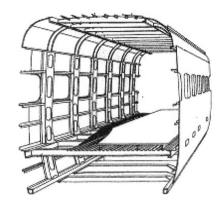

图 1-1 骨架外壳结构车体实例（山阳电铁 2000 系）   图 1-2 骨架外壳结构车体实例（200 系新干线）

但当时的铝合金车体结构与钢制车体结构相比，制造加工的费用很高，加上材料价格昂贵等因素，原始费用也非常高。因此，简化车体结构，节省材料，减少焊缝数量，提高焊接的自动化率成为当时追求的目标。

在此背景下，具有出色挤压性能和焊接性能的 A6N01 合金被开发出来，使制造大型薄挤压型材及大型薄中空挤压型材成为可能。

最初采用挤压型材是以使用薄挤压型材的单壳车体结构为主结构，在车顶和侧墙外板上采用补强，也有部分底架结构采用中空挤压型材的。但是，由于中空挤压型材双壳结构比单壳结构重，因此当时只是有限度地使用。此种类型的车体型材结构如图 1-3 所示。

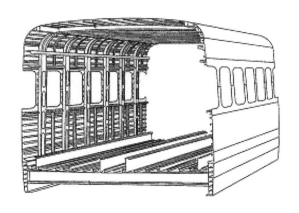

图 1-3 薄挤压车体型材（单壳）结构

一般来说，双壳结构（以中空挤压型材为主构成的结构）相对于单壳结构要重一些。但是，由于中空挤压材料具有强度高、刚度大、降噪性好等特性，可以省略在单壳结构中必须使用的加强材料，从而在车体的实际结构中不仅能够节省材料，降低成本，而且还能极大提高产品的各种其他性能。近年来，由于强调车辆的舒适性，业内认为在不影响列车动力学性能的前提下，适当增加车体的质量可以增加车体刚度，提高车辆的舒适性指标。因此，高速车辆的车顶和侧墙结构开始使用合理设计的双壳结构，在质量和列车动力学性能之间找到平衡点。

双壳结构出现以后，在高速动车组上开始大量使用，被认为是目前最适合高速动车组的车体结构。该种类型的车体型材结构见图1-4。

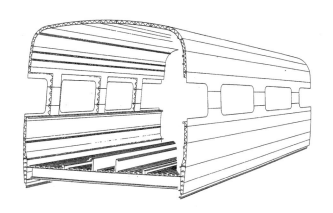

图1-4 中空挤压车体型材（双壳）结构

1.1.2 不锈钢车体发展过程

1. 日本

日本早在1958年就开始研制不锈钢客车车体，是世界上研制不锈钢车体起步较早的国家。迄今为止，在生产规模、制造工艺及不锈钢材料的开发上，都处于世界领先水平。日本开发不锈钢车体经历了蒙皮不锈钢、半不锈钢、全不锈钢及轻量化不锈钢等几个阶段，而材料的研究也从SUS201、SUS304、SUS301进化成SUS301L超低碳不锈钢产品。现阶段日本生产的不锈钢车体基本上均为采用电子计算机经精确的有限元分析并充分利用SUS301L系列不锈钢的高强度而设计制作的轻量化不锈钢车体，其质量已接近于铝合金车体的质量。日本现在每年生产的不锈钢车体、铝合金车体及碳钢车体的比例约为40:20:40。轻量化不锈钢车体制造数量已占据相当大的比例，这就给日本这个资源缺乏的国家针对车体钢结构的维护和维修节约了大量的资源和能源。

到目前为止，日本发展不锈钢车体大概经历了以下几个阶段。

① 1958—1962年：研制了第一代蒙皮不锈钢结构的铁路客车，此种客车只是把外表板换成了不锈钢板，目的是提高表面的防腐性能，结构设计与一般碳钢客车没有根本性的区别，钢结构的质量几乎没有减轻，相当于碳钢车体质量的97%。

② 1962—1982年：研制了第二代全不锈钢车体，整个车体钢结构中除了底架的缓冲梁、牵引梁、枕梁采用低合金结构钢外，其余部位均采用不锈钢材料，提高了防腐性能，实现了车体薄壁结构，进一步减轻了车体自重，质量相当于碳钢车体的80%。

③ 1982年至今：研制了第三代轻量化不锈钢车体，使用了计算机三维设计和有限元分析软件，充分利用了不锈钢材料的高机械性能，通过薄板不锈钢的双层结构实现了车体的轻量化，质量约为碳钢车体的60%。

2. 加拿大

加拿大庞巴迪公司的拉帕卡杰尔工厂十年内生产了1 540辆客车，其中不锈钢客车占

90%。英法海底隧道开通之后，穿过隧道的"穿梭列车"有 6 个车种 252 辆不锈钢客车，由加拿大庞巴迪公司中标。由于海底隧道列车往返于英吉利海峡两端，多雾的海洋性气候对车辆的腐蚀特别严重，所以该组列车采用不锈钢车体，具有优良的耐腐蚀性能。

3. 苏联

苏联的德维尔车辆制造厂从 1968 年起就试制出首批不锈钢车体的样车，1980 年开始小批量试生产。1989 年开始正式生产这种不锈钢车体结构的车辆。该车地板、侧墙和端墙下墙板均采用 12X18H10T 不锈钢制造，共生产 2 000 辆。该车不锈钢外表面成磨光状，经多年运用后，外观仍如新车一般。现德维尔车辆制造厂已经获得由铁路运输科学院提出并经交通运输部批准的生产 250 km/h 不锈钢客车的许可，该不锈钢车体使用的钢材仍为 12X18H10T，该钢材由 Megen 有限公司和马格尼托哥尔斯集团公司供给。

4. 瑞典

瑞典开发研制了世界著名的摆式列车 X2000，为了使车身质量控制在 10 t 左右，该车选用 AISI301L/1.4318 不锈钢作为车体钢结构的设计用材。侧墙和车顶设计成压筋形状，并通过电子计算机 FEM 分析后，在内部添加了补强板。X2000 下部设有不锈钢设备舱，所有设备均放置于设备舱内，此不锈钢设备舱也参与整车承载。

5. 中国

我国在不锈钢车体的设计生产上一直在作尝试。1985 年，长春客车厂和太原钢厂签订了《关于共同开发不锈钢铁道车辆的协议》，太原钢厂无偿向长春客车厂提供 1.5～3.0 mm 厚的不锈钢卷板 4 卷，不锈钢牌号为 SUS304（国内牌号为 0Cr18Ni9），长春客车厂在两辆 CCK39 空调软卧车上将侧墙板、顶板、端墙板、地板及部分侧立柱材质由耐候钢更换为不锈钢。此两辆车生产后交付上海铁路局和成都铁路局使用，为我国最早生产的上线运用的不锈钢材质的客车。1995 年四方工厂与德国阿门道夫工厂合作生产 20 辆不锈钢客车。此批客车由德国阿门道夫工厂设计，20 辆客车在四方工厂生产，该批客车从车顶、侧墙、地板、各立柱及底架横梁均使用铁素体不锈钢 N4003，个别载荷大的部位使用了更高级别的材料。此 20 辆客车多采用不锈钢混合气体保护焊，制作工艺精良，经五六年运用后耐腐蚀效果明显。该批客车的生产也培养了一批工程技术人员并锻炼了生产队伍。

1996 年，长春客车厂与韩国韩进重工业车辆所合作，联合生产了 30 辆设计时速为 200 km 的不锈钢车。该批车由韩国韩进重工设计并组装前 27 辆，长春客车厂负责提供转向架并组装后 3 辆，此批 30 辆车配属广铁集团使用。

1.1.3 中国铁路高速动车组车体

CRH 动车组是中国铁路自主品牌系列高速动车组，分别为青岛四方—庞巴迪铁路运输设备有限公司生产的 CRH_1 型和 CRH380D 型、青岛四方机车车辆股份有限公司生产的 CRH_2 型和 CRH380A 型、唐山轨道客车有限责任公司生产的 CRH_3 型和 CRH380C 型、长春客车轨道股份有限公司生产的 CRH_5 型和 CRH380B 型。CRH_1 型动车组车体是不锈钢车体，其余 CRH 动车组车体均为铝合金车体。

CRH 动车组车体结构主要分为头车车体和中间车车体两种。头车车体由底架、侧墙、车顶、端墙、司机室头部结构及车体附件组成，中间车车体由底架、侧墙、车顶、端墙及车体附件组成。

CRH380A 型动车组车体为铝合金车体，薄壁筒型整体承载结构，主要采用大型通长中空铝合金挤压型材组焊而成。车体设计吸取轻量化设计理念，采用薄壁中空铝合金型材设计方案，较好地考虑了强度、刚度的关系，采用全流线化外形设计，新颖、现代，且具有良好的空气动力学性能。

CRH380A 型动车组车体主要由底架、侧墙、车顶、端墙、车体附件（车下设备舱、前罩开闭机构和前头排障装置）等组成（头车还包括司机室头部结构）。各型车体根据其功能、附属设备等不同而在车体结构上不尽相同，但其主要结构形式类似。头车车体如图 1-5 所示，中间车车体如图 1-6 所示，车体断面如图 1-7 所示。

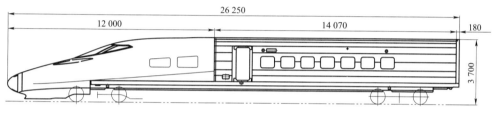

图 1-5 头车车体

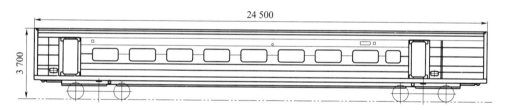

图 1-6 中间车车体

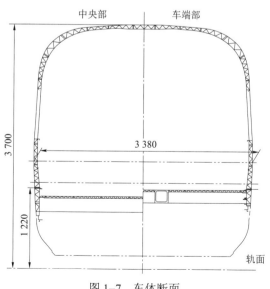

图 1-7 车体断面

1.2 底　　架

底架位于车体的下面部位，主要起乘客的承载、车下设备的吊挂安装、车端车钩安装等作用。根据不同车型，底架主要有不锈钢底架、铝合金底架，举例说明如下：

铝合金底架以 CRH380A 型动车组车体为例，主要由牵引梁、枕梁、缓冲梁、边梁、横梁、地板等零部件组成，材料为 5000 系、6000 系、7000 系铝合金型材及铝板。边梁是由带直筋的通长中空型材拼焊而成；地板采用单层板与肋板一体成型的型材整体拼焊结构；底架横梁为工字型材，下部设有滑槽，方便车下设备安装；牵引梁和枕梁采用高强度型材拼接而成。铝合金底架结构见图 1-8。

图 1-8　铝合金底架结构

不锈钢底架以 CRH₁ 型动车组车体为例，底架由枕梁、车钩箱、边梁、横梁和波纹地板组成，其中枕梁和车钩箱为碳钢型材、板材焊接而成，其余材料均为不锈钢。底架钢结构主要采用电阻焊进行焊接，其主要结构都考虑了点焊的可实施性，如底架横梁是乙型结构，便于和波纹地板进行点焊。不锈钢底架结构具体见图 1-9。

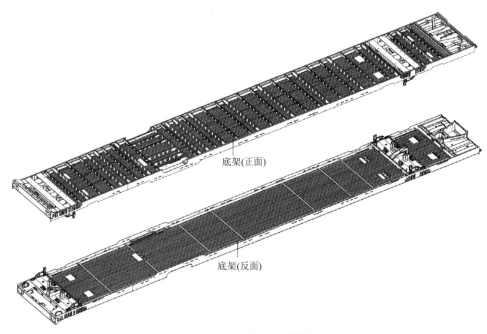

底架(正面)

底架(反面)

图 1-9　不锈钢底架结构

1.3 车 顶

CRH380A 型动车组车顶主要由大型通长中空挤压型材焊接而成，如图 1-10 所示。型材之间的焊接沿车体长度方向连续焊接，焊接后车顶外侧焊缝需做气密试验以保证气密性。在中空挤压型材内壁粘贴热熔型减振材料，起到有效的隔音降噪作用。

车顶和侧墙及端墙之间的连接采用连续焊接方式。

在车顶通长挤压型材上设置通长的 T 型槽，方便间壁和顶板等内装部件的安装。在车顶外部焊接安装座，用来安装电气设备。为便于设备走线，需要在车顶内部焊接电线支架，焊接安装座或电线支架时需注意，焊接部位应位于中空型材的肋顶点处。为满足走线和安装设备的需要，须在车顶型材上开孔，在开孔部位焊接铝管或安装座，焊接后须保证气密性。

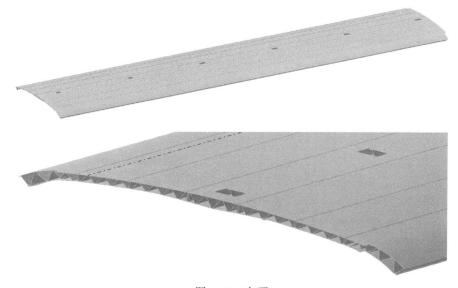

图 1-10 车顶

车顶应具备足够强度，满足检修维护人员在其上部的作业需求。在检修维护人员工作及通过的部位喷涂有防滑涂料，以提高维修操作的安全性，如图 1-11 所示。

图 1-11 车顶防滑喷涂

部分车顶设受电弓安装结构，含 3 个安装座，呈"品"字形分布，如图 1-12 所示，其附近区域结构应满足检修维护受电弓的要求。车顶除高压设备、天线等部件之外应无凸起和凹沟。

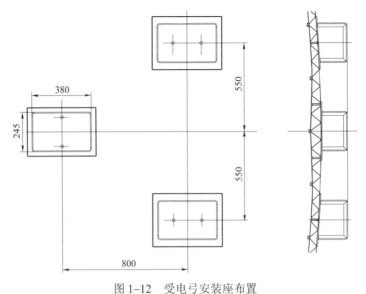

图 1-12　受电弓安装座布置

1.4　侧　　墙

CRH380A 型动车组侧墙采用大型中空框架结构的铝合金挤压型材,不设车内侧立柱。型材之间的焊接为在车体长度方向上连续焊接的方式,侧墙和车顶之间采用连续焊接方式。侧墙和边梁之间采用车内侧分段焊接,车外侧连续焊接的方式。

车体的中间高度位置、行李架位置和侧顶板的安装位置,在通长挤压型材上设置通长的 T 型槽,便于内装部件的安装。

为了确保侧滑门的拉开空间,侧墙门口处设计成一个一体化的箱形结构。

侧墙结构(见图 1-13)主要由侧门中间部分(见图 1-14)和门区部分(见图 1-15)组成。

图 1-13　侧墙结构

图 1-14　侧门中间部分　　　　　　　　　　　　图 1-15　门区部分

侧门中间部分主要由侧板和腰板组成:窗口及其以下部分称为侧板,通长板有四块,其中窗口部分由窗上窗下通长板预先铣口与窗间板（小块）拼焊而成，两端通到门区部分；腰板由三块通长板组成，均通到外端与端墙搭接，通长板均为中空型材结构。窗口部分根据窗的安装结构关系焊接窗安装座。

根据门口与外端距离的大小，门区部分分成板梁式结构和板梁加中空型材结构两种结构形式，分别见图 1–16、图 1–17。在门口附近部分均为单层板梁结构，门框由 8 块型材拼焊而成，并在侧门上方焊接雨檐。

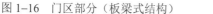

图 1–16　门区部分（板梁式结构）　　　　图 1–17　门区部分（板梁加中空型材结构）

窗间部分，外板厚度为 3.5 mm，其他部分为 2 mm；内板部分，腰板部分为 2.4 mm，其他部分为 2 mm。这是考虑侧墙窗口部分因为开口容易变形，平整度难以保证而设计的。补板的板厚通常都比所补的梁柱的板厚要厚一些。

侧墙结构的侧板及腰板的中空型材的厚度为 50 mm，材质为强度级别较高的 A6N01S–T5 铝合金型材。门框的上下横梁及左右立柱均采用 A6N01S–T5 铝合金型材，但是在容易出现应力集中的四角补强采用的是强度级别最高的 A7N01P–T4 铝合金型材。

1.5　端　　墙

CRH380A 型动车组端墙由双层中空框架结构的铝型材焊接成的端墙板、铝型材拼焊而成的端门框和铝型材锤弯拼焊构成的端角柱焊接而成。端墙和车顶、端墙和侧墙，以及端墙和底架缓冲梁之间采用车内侧断焊，车外侧气密焊的方式。端墙主要分整体式和分体式两种形式，见图 1–18、图 1–19。分体式端墙可满足搬运卫生间模块的需求。

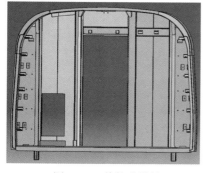
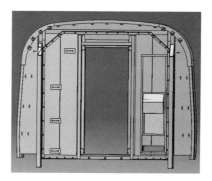

图 1–18　整体式端墙　　　　　　　图 1–19　分体式端墙

1.6　司　机　室

1.6.1　司机室结构

　　CRH380A 型动车组司机室为全铝焊接的板梁蒙皮结构,主要由蒙皮、板梁骨架、气密墙、后端梁、前窗骨架、前灯安装座等组成。司机室结构的三维立体图见图 1-20。

　　司机室结构在工程化设计时,要考虑开闭机构的安装与运动轨迹、前风挡玻璃及前灯座的设置与安装、外部设备对司机室的气密性影响等因素。

1.6.2　板梁蒙皮结构

　　司机室结构的板梁基本上沿纵向、横向、水平方向插接布置。大部分的板梁为 6 mm 厚,板梁与曲面蒙皮的接触面可视为一条平面曲线,采用激光切割技术即可加工成型。由于单板梁的受力不如 T 型、槽型和箱型梁,因此加大板梁间的布置密度,通常板梁间距为 300 mm 左右,局部承载大的地方采用补强的方式加强。两板梁之间的插接方式,如图 1-21 所示。蒙皮主要为 4 mm 厚,门窗部位采用 6 mm 厚的材料进行补强。

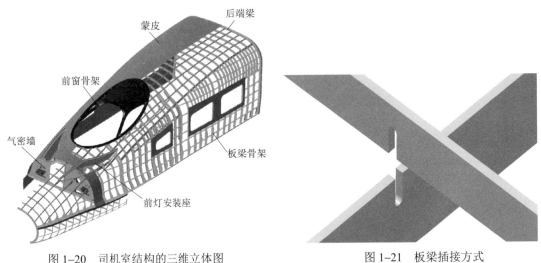

图 1-20　司机室结构的三维立体图　　　　　　图 1-21　板梁插接方式

1.6.3　前窗骨架组成

　　司机室前窗骨架的功能主要是安装前窗玻璃及其两个侧面的瞭望窗玻璃。窗骨架所用型材均为挤压型材,然后通过锤压的方式弯曲成型。如图 1-22 的左侧图示,前窗玻璃骨架为 Z 型型材,底部加 L 型梁补强。前窗与瞭望窗之间的骨架型材如图 1-22 右侧图示,下部的口型结构增加骨架的刚度。

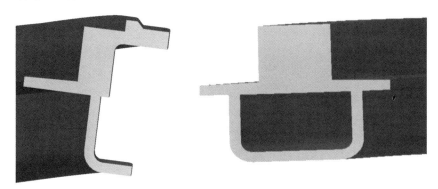

图 1-22　前窗与瞭望窗骨架型材断面

1.6.4　气密墙

气密墙如图 1-23 所示，主要起增加司机室的强度和刚度的作用，同时还要保证司机室的气密性。为安装及检修司机室前舱的设备，在气密墙上增加一道门，便于人员通过并进行操作。门采用气密安装。另外，在气密墙上还要安装一些减压阀、汽笛等设备，电气车钩连接线等也要穿过气密墙。这些设备和连接线安装后，利用打胶的方式进行密封。

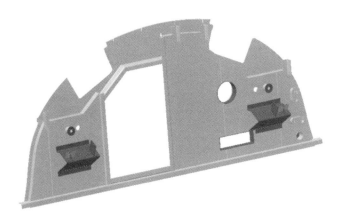

图 1-23　气密墙

1.6.5　材料选择

为满足司机室铝合金材料的强韧性、焊接性、加工性和三维弯曲成形性等综合性能的要求，司机室的不同部位，其材料应用也有差异。考虑到司机室蒙皮为三维曲面结构，因此司机室蒙皮和板梁选用可塑性很好的 5083 板材。5083 板材虽然可塑性好，但其挤压性能并不理想，并且强度不高。司机室前窗骨架为适应前窗玻璃的安装，通常选用弯曲型材结构，材料类型一般选用 6N01。6N01 铝合金既具有中等强度，又可以挤压出形状较为复杂的结构。

1.6.6 仿真计算与试验验证

1. 结构设计遵循的标准

司机室结构焊接满足 EN 15085，强度满足 EN 12663。同时，进行司机室结构设计还要遵循 UIC 651，例如应满足司机的视野要求。

2. 仿真计算

对头车车体静强度进行有限元分析计算，计算结果如下：司机室结构各处应力均小于弹性极限，满足标准要求。司机室仿真计算应力图见图 1-24。

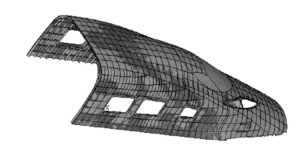

单位: MPa

| .029 263 | 11.833 | 23.637 | 35.442 | 47.246 | |
| 5.931 | 17.735 | 29.539 | 41.344 | 53.148 |

图 1-24　司机室仿真计算应力图

3. 试验验证

司机室与底架，以及侧墙、车顶灯组焊完成后，以头车车体的形式进行静强度、气密强度及模态等试验验证，如图 1-25 所示。

图 1-25　试验验证

1.6.7 制造工艺流程

流线型司机室结构的特殊性是焊接变形大，因此在制造过程中，每道工序都要进行合适的反变形措施。司机室组焊工艺流程图见图1-26。其中，司机室蒙皮是由多个不同的曲面拼接而成，尽管整体上呈流线型圆滑过渡状，但有的部位曲面之间的曲率变化非常急剧，因此部分蒙皮需要模具冲压，部分蒙皮需要通过锤压靠模的方式加工。这些蒙皮加工成型后再搭到骨架上拼焊。

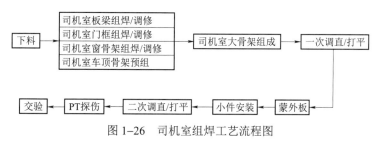

图 1-26 司机室组焊工艺流程图

第2章

车体附属设备

2.1　概　　述

我国是动车组技术引进大国,在国内几乎可以看到世界上所有具有代表性的动车组技术及设备。作为车体的附属设备,主要有车钩缓冲装置、前罩开闭机构、前头排障装置、受电弓导流罩和车下设备舱等。

车间连接结构设计技术包括车钩缓冲装置及前罩开闭机构。车钩缓冲装置作为连接车辆的主要部件之一,应具有一定的强度,需满足车体在运用过程中能承受一定的冲击力,同时兼顾缓和车辆之间的纵向冲击,以及提升列车舒适性方面的功能。

车钩缓冲装置包括前端车钩缓冲装置和中间车钩缓冲装置。前端车钩缓冲装置安装在头尾车的司机室端,主要用于动车组列车之间的连接;中间车钩缓冲装置安装于中间车辆上,用于动车组车辆之间的连接。

前罩开闭机构在单独运行时处于关闭状态,一般都采用流线型外形,并将车钩等传统列车上外露的设备置于车体内部。这样列车既看起来美观,又减小了空气阻力。车辆联挂时能方便地打开来实现车钩联挂。目前主要型号的动车组,前罩开闭机构所用的技术均不相同。

前头排障装置是安装在头车前端轨道上方,用来排除运行前方轨道上小型、低矮障碍物的装置。

受电弓导流罩设于车顶受电弓位置,具有流线型外形,用于动车组高速运行时受电弓区域气流的引导,以及减少噪声和保护设备。

车下设备舱设置在动车组车下,包覆车下设备,具有防止动车组运行过程中带起的杂物(包括石子等)损坏车下设备,阻挡运行线路上冬季积雪以保护设备,使车底平滑,降低列车运行中阻力及车内噪声,为车下设备提供通风冷却风口等功能。

2.2　车钩缓冲装置

车钩缓冲装置作为连接车辆的主要部件,应具有一定的强度,需满足车体在运用过程中能承受一定的冲击力，同时具有一定的阻尼，兼顾缓和车辆之间的纵向冲击，以及提升列车舒适性方面的功能。车钩缓冲装置如图 2-1 所示。

图 2-1 车钩缓冲装置

2.2.1 柴田式车钩缓冲装置

柴田式车钩缓冲装置如图 2-2 所示。为了降低列车在运行过程中的纵向冲击力，提升动车组的运行舒适性，采用了橡胶缓冲器。

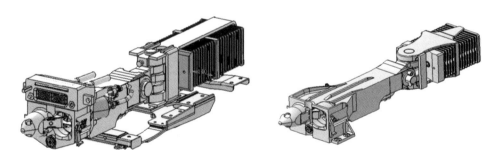

图 2-2 柴田式车钩缓冲装置

联挂原理：柴田式车钩主要由钩体、钩舌、解钩杆、弹簧、钩锁等组成。车钩的联挂过程如图 2-3 所示。车钩联挂完成后，两个半圆形钩舌形成一个完整的圆柱体，和钩体中的钩舌腔相互嵌套。在受拉时，通过钩头凸锥的结构将力通过钩体、缓冲器等部件传递到车体上；在受压时，通过钩体、缓冲器等部件将力传递到车体结构上。

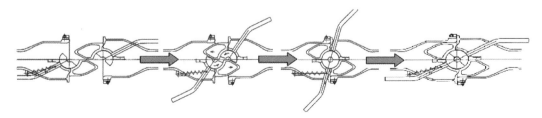

图 2-3 柴田式车钩的联挂过程

1. 前端车钩缓冲装置

前端车钩缓冲装置主要分为车钩和缓冲器。车钩为柴田式全自动密接式车钩，可以实现机械、空气管路的自动联挂和分解，主要包括钩体、钩舌、解钩杆、拉伸弹簧、解钩风缸、空气管路、MRP 阀、钩锁。缓冲器为单式缓冲器，缓冲器无论受到牵引力还是压缩力，都是压缩同一组橡胶堆，因此具有较大的容量，主要包括横销、纵销、框接头、橡胶堆、缓冲器框体等零部件。前端车钩缓冲装置结构示意图如图 2-4 所示。

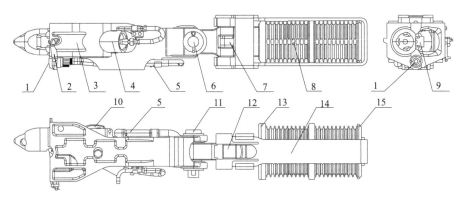

图 2-4　前端车钩缓冲装置

1—阀体；2—钩锁；3—钩体；4—解钩风缸；5—空气管路；6—接头托；7—框接头；8—橡胶缓冲器；
9—钩舌；10—解钩杆；11—横销；12—纵销；13—前挡板；14—缓冲器框体；15—后挡板

2. 中间车钩缓冲装置

中间车钩缓冲装置用于动车组中部，为半自动车钩，可以实现机械、空气管路和电气的自动连接，但分解需要人工操作。中间车钩缓冲装置如图 2-5 所示，主要包括钩体、钩舌、解钩杆和空气管路等零部件。中间车钩缓冲器采用 RD011 型复式橡胶缓冲器，这是一种以硫化在金属板上的天然橡胶块为能量吸收元件的缓冲器，其技术特点在于拉伸和压缩方向的冲击载荷分别由不同的橡胶元件组进行吸收，每组橡胶都定位于钩尾框中央立壁，初压力相互平衡，整个缓冲器在吸收外载荷冲击时初压力为零，所以这种缓冲器又称为零初压缓冲器。这种缓冲器结构巧妙地解决了降低缓冲器初压力和缓冲元件定位之间的矛盾。

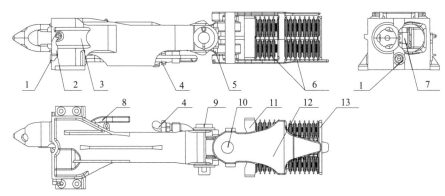

图 2-5　中间车钩缓冲装置

1—阀体；2—钩锁；3—钩体；4—空气管路；5—框接头；6—橡胶缓冲器；7—钩舌；8—解钩杆；
9—横销；10—纵销；11—前挡板；12—缓冲器框体；13—后挡板

3. 托架组成

（1）前端车钩缓冲装置托架

前端车钩缓冲装置托架由车钩托架、前箱托架和后箱托架组成。车钩托架主要由板簧组成，可以承受较大范围的上下摆动；前箱托架和后箱托架通过螺栓与车钩从板座连接。前端车钩缓冲装置托架结构如图 2-6 所示。

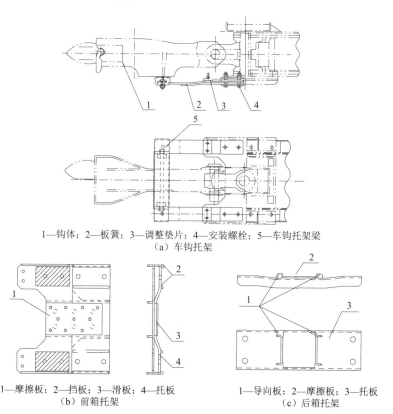

1—钩体；2—板簧；3—调整垫片；4—安装螺栓；5—车钩托架梁
（a）车钩托架

1—摩擦板；2—挡板；3—滑板；4—托板
（b）前箱托架

1—导向板；2—摩擦板；3—托板
（c）后箱托架

图 2-6 前端车钩缓冲装置托架

（2）中间车钩缓冲装置托架

中间车钩缓冲装置虽然与前端车钩缓冲装置结构类似，但是车钩托架的固定方式却完全不同，车钩托架通过八个螺栓将托架与车体缓冲梁连接。前箱托架和后箱托架通过螺栓与车钩从板座连接。中间车钩缓冲装置托架结构如图 2-7 所示。

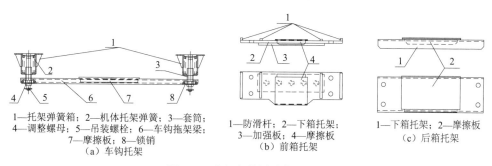

1—托架弹簧箱；2—机体托架弹簧；3—套筒；
4—调整螺母；5—吊装螺栓；6—车钩拖架梁；
7—摩擦板；8—锁销
（a）车钩托架

1—防滑杆；2—下箱托架；
3—加强板；4—摩擦板
（b）前箱托架

1—下箱托架；2—摩擦板
（c）后箱托架

图 2-7 中间车钩缓冲装置托架

2.2.2　欧系车钩缓冲装置

　　欧系车钩缓冲装置，如图 2-8 所示，也采用密接式车钩缓冲装置，其中前端车钩缓冲装置主要采用的是符合 TSI《泛欧高速铁路系统车辆子系统互通性技术条件》附录 K 的 10 型车钩轮廓。密接式车钩及缓冲装置的拉伸强度不小于 1 000 kN，压缩强度不小于 1 500 kN。中间车钩缓冲装置主要采用半永久车钩缓冲装置。半永久车钩缓冲装置的强度不尽相同，没有明确的规定。

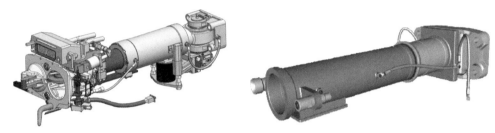

图 2-8　欧系车钩缓冲装置

　　欧系车钩缓冲装置与柴田式车钩缓冲装置的结构有很大的不同。前端车钩缓冲装置主要采用吸能装置和与车钩连为一体的 10 型车钩缓冲装置，兼顾自动对中等功能。由于结构的限制，某些车钩缓冲装置还需考虑伸缩功能。中间车钩缓冲装置主要采用半永久车钩缓冲装置。欧系车钩缓冲装置主要分为以下两种类型。

1. 前端车钩缓冲装置

　　具有伸缩功能的 10 型车钩缓冲装置，如图 2-9 所示。此车钩缓冲装置可以实现车钩缓冲装置的伸出与缩回，满足动车组单列运行时，车钩缩回到开闭机构里面，保证列车的空气动力学性能。当需要重联时，头罩打开，车钩伸出一定的距离，可以实现车钩的联挂。

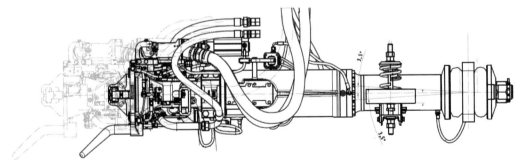

图 2-9　具有伸缩功能的 10 型车钩缓冲装置

　　安装了后置式压溃管的 10 型车钩缓冲装置，如图 2-10 所示。此类车钩缓冲装置的压溃管设置在车钩安装板的后方，容量较前置式压溃管有很大的提高，安装在具有高速联挂碰撞吸能的动车组上。

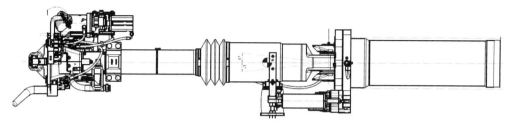

图 2-10　安装了后置式压溃管的 10 型车钩缓冲装置

安装了气液缓冲器的 10 型车钩缓冲装置，如图 2-11 所示。

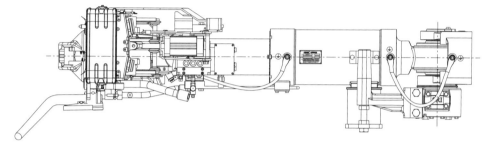

图 2-11　安装了气液缓冲器的 10 型车钩缓冲装置

2. 中间车钩缓冲装置

安装有压溃管的半永久车钩缓冲装置，如图 2-12 所示。

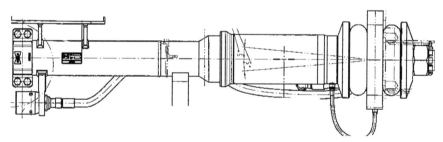

图 2-12　安装有压溃管的半永久车钩缓冲装置

安装有气液缓冲器环簧的中间车钩缓冲装置，如图 2-13 所示。

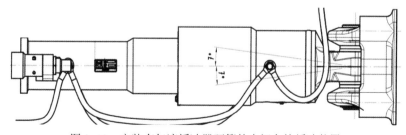

图 2-13　安装有气液缓冲器环簧的中间车钩缓冲装置

车钩上面的吸能装置主要包括可恢复吸能装置和不可恢复吸能装置两部分。可恢复吸能装置主要包括橡胶缓冲器、摩擦环簧缓冲器、气液缓冲器及胶泥缓冲器等。不可恢复吸能装置主要包括压溃管。不同吸能装置的吸能特性不尽相同，例如摩擦环簧缓冲器的特性趋向于

线性应变，动车组上广泛使用的摩擦环簧缓冲器的最大阻抗力约为 600 kN，行程约为 30 mm；其他缓冲器例如橡胶缓冲器、气液缓冲器和胶泥缓冲器的缓冲特性为非线性应变，随着行程越来越大，阻抗力的变化也越来越大，特别是气液缓冲器和胶泥缓冲器尤其明显。

2.3　前罩开闭机构

2.3.1　结构形式简介

目前，高速动车组头部一般都采用流线型外形，并将车钩等传统列车上外露的设备置于车体内部，使得列车头部更加美观并且减小了空气阻力。调车作业时，为了使动车组流线型车头前罩能方便地开闭来实现车钩联挂，通常在列车头部设置前罩开闭机构，实现自动开闭头罩功能。

选定开闭机构形式，首先要解决的是空间尺寸问题，即列车头部的空间足以容纳开闭罩和机构的零部件。动车组头部前端的自动开闭装置，主要由开闭机构和玻璃钢前罩（左右两部分）构成。动作部分采用气缸驱动，分开闭气缸和锁紧气缸两种。开闭气缸完成开闭动作；锁紧气缸完成对机构的锁固，维持开、闭状态。

按照 CRH_1、CRH_2、CRH_3、CRH_5 等动车组型号，前罩开闭机构所用的技术和结构形式均不相同：

CRH_1 型动车组前罩开闭机构分为上下两部分，采用轨道滑动的方法打开，打开后前罩藏在司机室前舱的上部及下部。

CRH_2 型动车组前罩开闭机构分为左右两部分，采用直接旋转的方式打开前罩，打开后前罩藏在司机室前舱左右部。

CRH_3 型动车组前罩开闭机构同样采用直接旋转的打开方式，与 CRH_2 型动车组的不同在于其打开机构安装在司机室前舱的下部。

CRH_5 型动车组前罩开闭机构采用后退旋转打开的方式，主要由滑动轨道来实现打开轨迹。

2.3.2　机构组成

CRH_2 和 CRH380A 型动车组前罩开闭机构由三部分组成：开闭装置、锁紧装置、头罩。主要功能为通过气缸驱动司机室头罩，使其分开，便于车钩缓冲装置联挂。气缸分为开闭气缸和锁紧气缸两种。开闭气缸完成开闭动作；锁紧气缸完成对机构的锁固，维持开、闭状态，如图 2-14 所示。

2.3.3　工作原理

车上电气系统控制气动控制单元动作，气动控制单元控制主推气缸对推拉杆作往复运动，带动上安装翼实现头罩的打开和闭合，其动作原理示意图如图 2-15 所示。气动控制单元控制

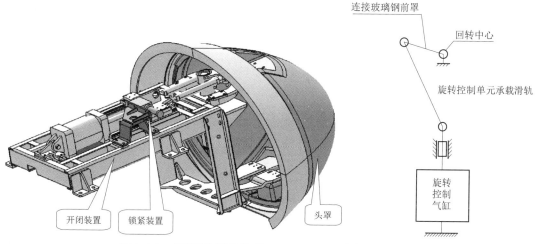

图 2–14　前罩开闭机构组成　　　　　　图 2–15　前罩开闭机构动作原理示意图

锁紧气缸，保证头罩完全开启和完全关闭时的锁紧，保证车辆使用安全。

2.3.4　玻璃钢前罩

开闭罩主要作用是关闭时作为流线型头车的一部分，既保持了美观性，又降低了运行时的气动阻力。在打开时，可以方便实现车钩的联挂，进行调车、救援或者编组运行。

固定罩作为车体的一部分，通过螺栓连接到铝合金车体上。考虑到铝合金车体焊接变形后引起的固定罩的开口大小的变化，采用玻璃钢材料制作固定罩，可以通过一定的工艺方法，包括打磨的方式，改变开口大小，适应开闭罩的开合。

目前，国内高速动车组均采用玻璃钢来作为前罩的材料。这种材料是以玻璃纤维及其制品（玻璃布、带、毡与纱等）作为增强材料，以合成树脂作为基本材料的一种复合材料。而作为动车组的应用材料，其优势体现在以下方面：

① 质量轻、强度高。玻璃钢的密度在 $1.5 \sim 2$ g/cm^3，只有碳钢的 20%～25%，而抗拉强度甚至可以超过普通碳钢。

② 耐腐蚀性能好。对大气、水和一般浓度的酸、碱、盐，以及多种油类和溶剂都有较好的抵抗能力，已经应用到化工防腐方面。

③ 工艺性优良。工艺简单，可以根据产品形状、用途灵活地选择成型工艺，经济效益突出；尤其对形状复杂、不易成型的产品，更能体现出它的工艺优越性。

2.3.5　设计关键点

旋转轴的选取。前罩旋转打开，旋转半径就决定了其开闭罩打开过程中是否会干涉车体。

主推气缸输出的推力要大于列车运行过程中空气对头罩的载荷，比较恶劣的工况为列车隧道内交会。

列车运行过程中头罩关闭，首先通过主推气缸的推力保持头罩关闭，但如果突然失电、失气，还需要一套机械锁紧机构防止头罩的打开。

空间关系校核。主要考虑车钩上下左右摆动时与头罩、机构的干涉情况，以及头罩打开后车钩联挂过小曲线的状态。

头罩的刚度及强度。头罩处于列车最前端，承受气动载荷作用，还要受到石子等异物冲击，因此头罩需要具有一定强度及刚度。

头罩及机构的强度和可靠性，可通过载荷破坏试验及可靠性试验进行验证。

2.4　前头排障装置

《铁路应用　铁路车辆车体防撞性要求》（EN 15227:2010）对排障装置（排障器）的要求如下：排障器应为连续的结构，且其设计结构不会导致向上或向下清除障碍物。在正常运营条件下，如果车辆运行和轨距线路允许，则排障器的下缘应尽量靠近轨道。在车体结构设计允许的情况下，应将排障器尽可能安装在头车的前端。从俯视图看，排障装置形状大致为 V 形，其夹角不能大于 160°。

目前，不同型号的动车组排障装置有较大差异，有些排障装置的功能仅仅是排除固定形状的障碍物，有些排障装置则附加了除雪犁、导流罩的功能，还有一些排障装置附加了碰撞能量吸收功能，举例如下。

2.4.1　CRH$_1$ 型动车组排障装置

CRH$_1$ 型动车组排障装置，如图 2-16 和图 2-17 所示。排障装置位于下导流罩与铁轨轨面之间，由框架和前围板组成。框架由钢板焊接而成并喷涂防锈漆，前围板由玻璃钢制成。排障装置通过 8 个 M16×18 的螺钉和 2 个吊架与司机室支架连接。

排障器

图 2-16　CRH$_1$ 型动车组排障装置效果图

排障装置的强度应能够承受外力和来自车辆及各种抛射物的动力，其构成材料应能经受周围环境的侵蚀。其前部受到轻微损害时，不需从车体拆下即可进行修理。前部能够承受应力和变形，以及正常运营过程中遇到的小石头和小动物的冲击。冬季，排障装置能够排除轨

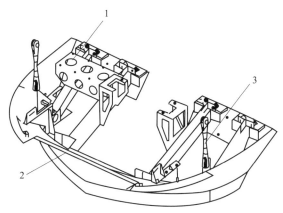

图 2-17　CRH₁型动车组排障装置结构图

1—排障装置框架；2—排障装置玻璃钢前围板；3—排障装置吊架

道上的积雪。当排障装置外表面遭遇风、雪、冰、垃圾等侵袭时能很好地保护内部设备。当两列车在隧道以 250 km/h 速度交会或列车进入隧道时，排障装置应能承受压力波。

2.4.2　CRH₂型动车组排障装置

CRH₂型动车组排障装置主要由排障装置、缓冲板、缓冲板支撑及排障橡胶等部件构成。图 2-18 为 CRH₂型动车组排障装置三维视图。

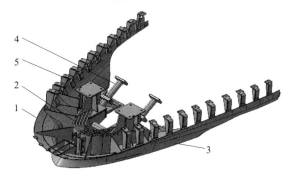

图 2-18　CRH₂型动车组排障装置三维视图

1—排障装置；2—缓冲板；3—排障橡胶；4—缓冲板支撑；5—吊座

排障装置用来排除轨道上的障碍物，不让障碍物卷入车下。即使排障装置损坏，也不能允许障碍物钻入转向架下，以保证车体不受损或轻微受损。排障装置任何部位撞到障碍物，都要充分发挥其作用。排障板结构要合理，能将轨道内的障碍物排出轨道。缓冲板主要用来吸收碰撞能量，采用铝板层叠结构。排障橡胶主要用来排除轨面上的障碍物，因此排障橡胶要设置在轨面正上方，每侧各一个。缓冲板支撑用来连接缓冲板与底架，当发生碰撞时可吸收能量。

2.4.3　CRH₃型动车组排障装置

CRH₃型动车组排障装置，如图 2-19 和图 2-20 所示，排障装置安装在司机室前端气密

墙下方，并凸出气密墙平面。排障装置中央的底部能承受一定的静压力。排障装置由型材、铝板组焊、不锈钢管、螺栓等连接而成，通过螺栓固定在车体主结构上。其距轨面高度为245 mm，满足车轮踏面磨耗和空簧失气的要求。它通过 4 根能量吸收管将骨架连接起来，通过能量吸收管的变形来吸收一部分碰撞能量。

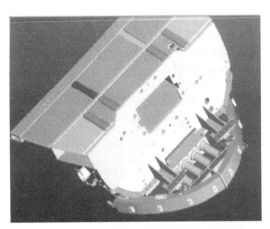

图 2-19　CRH$_3$ 型动车组排障装置三维视图

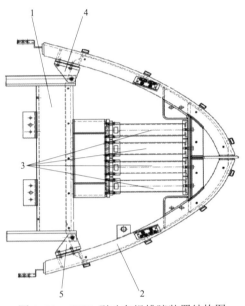

图 2-20　CRH$_3$ 型动车组排障装置结构图

1—横梁；2—防护板；3—能量吸收装置；4—左导槽；5—右导槽

2.4.4　Velaro 动车组排障装置

西门子 Velaro 动车组的排障装置，如图 2-21 所示，安装在前端主吸能元件上，和主吸

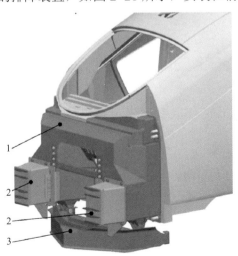

图 2-21　Velaro 动车组排障装置结构图

1—主吸能元件；2—防爬器；3—排障装置

能元件、防爬器组成一个单元,通过螺栓安装在车体结构上。排障装置通过螺栓安装,可以实现高度的调整。排障装置为拼焊结构,材料可以采用铝合金,也可以采用钢板。头车前鼻端下部安装导流罩,材料可以采用玻璃钢、铝合金或钢板。导流罩可承受如飞石等小型障碍物的冲击,兼顾除雪犁功能。

2.5 受电弓导流罩

受电弓导流罩主要用于时速 350 km 及以上速度级动车组,以下以 CRH$_2$C 和 CRH380A 系列动车组受电弓导流罩为例进行典型结构材料和设计要点介绍。

在每个受电弓处设一组导流罩,每组导流罩由左右完全相同的一对导流罩构成。在受电弓导流罩设计中,充分借鉴和利用国内外既有研究成果,从外形设计、安装结构设计、新材料应用等方面对受电弓导流罩进行创新设计。外形采用流线型,以减小导流罩带来的阻力;为满足轻量化设计要求,导流罩采用复合结构,内层为三维立体织物夹层结构,外层为玻璃钢,轻量化效果显著;导流罩防火及各项性能指标应满足要求,在遭受异物打击时,破裂不会出现放射性扩散,并且能够方便修补。CRH380A 系列动车组受电弓导流罩见图 2-22。

图 2-22 CRH380A 系列动车组受电弓导流罩

导流罩采用螺栓紧固方式安装在车顶安装座上,螺栓采用机械防松。由于导流罩固定螺栓为外部安装,易受水雾侵蚀,使用状态恶劣,且固定螺栓处导流罩沉孔易存水,造成动车组在运营一段时间后,螺栓易生锈。因此,螺栓材质选用不锈钢,并在沉孔处开漏水孔。

CRH$_2$C 在 M3、M5 车设置有受电弓导流罩,首批动车组罩体长为 6 670 mm,高为 1 100 mm,材质为玻璃钢(FRP4),罩内设置有补强条及肋板。

从 CRH$_2$C 一阶段后 20 列对受电弓导流罩进行减重设计,罩体长为 5 630 mm,高为 1 000 mm,罩体材质为玻璃钢(FRP4)。

CRH380A 新头型动车组在 M3、M5 车设置有受电弓导流罩。罩体外形基本上沿用了 CRH$_2$C 一阶段后 20 列方案,罩体长为 5 930 mm,高为 1 150 mm,罩体材质为玻璃钢(FRP4),罩体与车体安装座间使用螺栓连接。

CRH380A 型动车组在 M3、M5 车设置有受电弓导流罩。罩体长为 5 930 mm，高为 1 063.5 mm。对安装座及导流罩进行了减重优化，并优化了外形。

CRH380AL 型动车组在 M3、M12 车设置有受电弓导流罩。罩体长为 6 268 mm，高为 1 061 mm。导流罩采用复合结构，内层为三维立体织物夹层结构，外层为玻璃钢（FRP）。此结构在遭受异物打击时，破裂不会放射性扩散，且能进行修补。如图 2-23 所示。

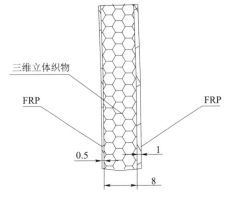

图 2-23　三维立体织物夹层结构导流罩

罩体与车体安装座间使用螺栓连接，但是安装结构上进行了改进。CRH$_2$C 动车组受电弓导流罩安装结构为螺栓内部安装，侧面开有检查门。CRH380AL 型动车组受电弓导流罩改为螺栓外部安装，侧面开有矩形安装槽，螺栓采用机械防松。此安装结构极大地提高导流罩安装的工作效率及检修的方便性，与 CRH$_2$C 的对比如图 2-24 所示。

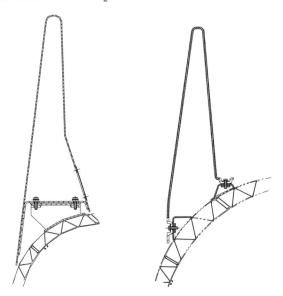

（a）CRH$_2$C型动车组方案　　　　（b）CRH380AL型动车组方案

图 2-24　罩体与车体安装座间的螺栓连接对比

受电弓导流罩的安装降低了车外噪声，但也同时给列车的运行带来了阻力。因此在外形设计时，尽可能采用流线型，尽量减小导流罩带来的阻力。CRH$_2$C 型动车组受电弓导流罩前端为倾角 45° 的平面，CRH380AL 型动车组设计中将前端改为倾角 30° 的曲面，如图 2-25 所示。

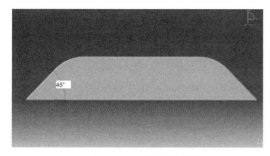

（a）CRH₂C 型动车组方案

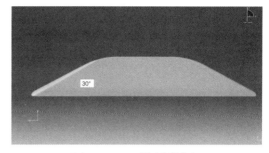

（b）CRH380AL 型动车组方案

图 2-25　受电弓导流罩前端倾角

2.6　车下设备舱

2.6.1　设计原则及指标

1. 设计原则

高速动车组车下设备舱结构应具有导流、防护和方便检修车外设备三大基本功能。

2. 设计指标

（1）防护能力

列车在线路上高速运行，会产生空气压力波，存在与石头、冰块或其他物体意外碰撞的可能性。为确保列车运行安全，设备舱应能够满足空气动力学工况和耐冲击试验。

（2）空气动力学工况

静态压力负载，在表面内外有 ±3 750 Pa 的压力差；疲劳压力负载，在表面内外有 1 500 Pa 的压力差；进入/离开隧道时和错车时的瞬时压力 ±5 000 Pa 及 1 500 Pa/s 的压力梯度。

（3）耐冲击试验

承受重 0.227 kg 钢球从垂直上方 3 m 自由下落冲击，表面没有永久变形或剥离。

承受重 0.5 kg 水泥球以列车设计运营速度的冲击，表面没有穿孔。

（4）拆装能力

安装结构应具备频繁拆装能力，连接结构应能承受不小于 1 000 次的拆装而不损坏。

（5）环境适应性（抗腐蚀能力、防冰雪积聚）

设备舱零部件的形状及安装位置应尽量避免积聚水气，并在可能积聚的部位设置排水通道。零部件结构应避免形成积水、不易清除的废屑、不易清洗和涂刷防腐涂层的窄槽、尖角及死区。

（6）防松脱

裙、底板安装应采用防松脱结构，实现即使螺栓全松脱，裙、底板也不应脱落。

2.6.2 结构组成

车下设备舱设置在动车组车下，包覆车下设备，并与车下设备和车体之间相互连接，形成整体框架结构，由裙板、底板、端板、骨架及防雪板等组成。设备舱外形与车体断面统一，设备舱下面安装底板，侧面安装裙板，使车下设备舱形成一个整体的箱体，具体见图2-26。

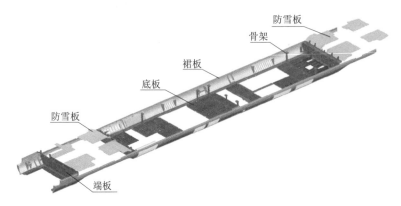

图 2-26　车下设备舱

1. 裙板

裙板主要是为保护车下设备的侧面，降低动车组运行阻力及噪声而设。为了实现轻量化及形状统一，采用 A6N01S-T5 挤压成型。为了裙板拆装的方便，每块光裙板质量基本不超过 20 kg（转向架处不超过 25 kg），同一车下设备进气口部位的裙板形式基本相同。

裙板型材规格有两种，一种高度尺寸为 552 mm，用于中部裙板和转向架部裙板；另一种高度尺寸为 727 mm，用于车端部裙板。这两种规格的裙板型材外形均与车体断面外形协调一致。

（1）日常频繁操作的检查盖

根据功能要求在相应的裙板上设置必要的检查盖（如进水口、旋塞等频繁操作的部分）。为防止因检查盖被打开或忘记关闭时影响动车组的安全行驶，将检查盖开关轨迹嵌入裙板内部，为开关方便，检查盖不进行固定，具体见图2-27。

（a）检查盖关闭　　　　　　　　　　（b）检查盖打开

图 2-27　滑槽式检查盖

（2）操作不频繁的检查盖

对于操作不频繁、结构限制的检查盖，设置成向外侧打开方式（折页结构），采用多螺栓固定方式。此类检查盖日常检修中不进行开关操作，且检查盖在车体两侧，若检查盖漏紧固，则检查盖外翻，易于发现。外翻式检查盖如图 2-28 所示。

（a）外接电源检查盖　　　　　　　　　　（b）辅助空压机检查盖

图 2-28　外翻式检查盖

（3）裙板活门

在车下需进风冷却的设备，进气口对应的裙板上设置可开关的活门结构，牵引变流器进气口处裙板活门上增加防水结构（迷宫结构）。排气口处裙板上采用格栅加导风筒结构。

裙板活门设计安全可靠，设计采用三级安全措施，具体如下：

（a）正面图　　　　　　　　　　　　（b）背面图

图 2-29　弹力转舌锁图

（a）正面图　　　　　　　　　　　　（b）背面图

图 2-30　安全碰锁图

（a）裙板活门关闭状态

（b）裙板活门打开状态

图 2-31　裙板活门图

活门两侧采用弹力转舌锁（见图 2-29）固定，只有用特制的钥匙才能打开活门锁，锁芯端面上的箭头指向红色圆点时表示锁处于关闭状态，箭头指向绿色圆点时表示锁处于打开状态。

中间设安全碰锁（见图 2-30），可以防止活门因弹力转舌锁失效而打开，安全碰锁处于常关状态，用钥匙将箭头转向开位才能把裙板打开，钥匙与弹力转舌锁的相同。

活门打开时，先将弹力转舌锁转至开位，再用钥匙将安全碰锁转至开位，打开活门。活门关闭时应用专用钥匙将安全碰锁锁芯的指示箭头转向开位，将活门关紧后放开钥匙，碰锁锁芯上的箭头应指向关位，并确认碰锁处于关位时，不能手动将活门打开，然后再锁紧两侧弹力转舌锁。裙板活门打开和关闭状态如图 2-31 所示。

当三把锁全部失效后，裙板与车体之间的吊带可防止活门自行打开脱落。

裙板上各附件安装紧固件时涂螺纹锁固剂。

（4）转向架部裙板

为避免与转向架动态干涉，同时为便于转向架的检修，除裙板两端为了安装而保留外，中间距轨面 550 mm 以下全部加工去除，见图 2-32。

图 2-32　转向架部裙板图

2. 底板

底板采用不锈钢波纹板，并用 HUCK 铆钉固定加强筋板进行补强，保证了足够的强度和刚度。安装采取上置式安装结构，即先将盖板放置在安装梁上，并将底板定位销对准安装梁上的销孔，再按一定的扭矩拧紧安装螺栓，见图 2-33。此结构具有双重防脱功能，即使忘记拧紧螺栓也不容易脱落，安全可靠。

设备舱空调底板百叶窗：为保证提高空调机组夏季高温天的工作效率，在设备舱空调底板上设置了百叶窗，夏季打开，冬季关闭，其安装通过 16 个螺栓固定，两侧带有防脱滑槽，见图 2-34。

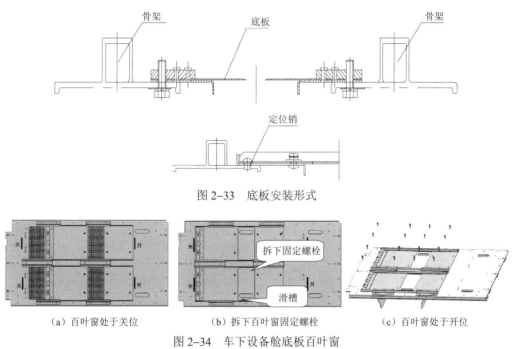

图 2-33　底板安装形式

（a）百叶窗处于关位　　　　　（b）拆下百叶窗固定螺栓　　　　　（c）百叶窗处于开位

图 2-34　车下设备舱底板百叶窗

3. 端板

为了防止车下设备被行驶中带起的飞石击打损坏，同时改善转向架区域的流场和噪声环境，于转向架前后设置端板。为便于更换，端板采用了螺栓+钩头的安装形式，见图 2-35。为确保强度，端板采用波纹不锈钢材料制作，整体成形结构，承载部位不采用焊接结构，能承受±3 750 kPa 的疲劳载荷，加强筋板的固定采用 HUCK 铆钉固定的方式。在端板上设检查门、进气窗时应考虑防雪、防雨设计。

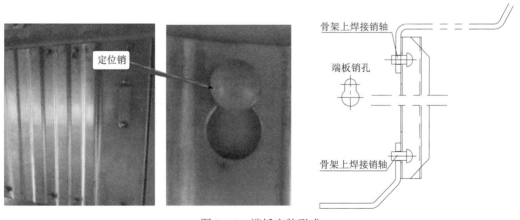

图 2-35　端板安装形式

（1）端板检查盖

根据需要，可在端板上设置转向架制动供风塞门（BC）检查盖（出于操作空间及安全考虑，采用上下可滑动+插销结构），见图 2-36。

（a）检查盖关闭时状态　　　　　　　　　　（b）检查盖打开时状态

图 2-36　制动供风塞门检查盖

（2）车头部端板

头车和尾车排障装置的背面设置防止积雪的端板。由于车载元件内置，为避免电磁干扰端板材料，因此选择 FRP 制，并为调整车载天线设置了检修盖。为防止行驶时产生飞石，以及雪灾等因素造成头部端板破损，对端板进行局部加厚处理，见图 2-37。

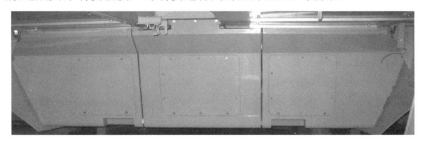

图 2-37　车头部端板

（3）端部进风口

根据车下设备通风需求，在部分车枕内的端板上设置有辅助进风口。为保证动车组空调机组正常工作，端板上的辅助进风口每年的 5 月到 10 月应处于开位，每年 11 月到次年的 4 月处于关位（进风口的开和关可以通过摆页把手外露的长短判断，摆页把手外露短说明摆页处于关位，反之处于开位）。端部进风口的开关可以通过调整进风口摆页的固定螺栓实现，松开摆页的锁紧螺母，拉动把手到相应位置，然后再紧固锁紧螺母。若开关过程中拉动把手时出现卡滞现象，有可能是摆页转轴有灰尘，此时不要强行拉动把手，而是需要把端部进风口拆卸下来，对摆页连接轴周围的灰尘进行清洗，然后调整摆页到相应位置。摆页操作参见图 2-38。

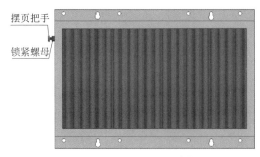 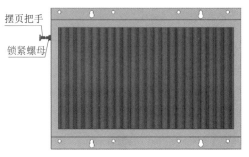

（a）进风口处于关位　　　　　　　　　　　（b）进风口处于开位

图 2-38　端部进风口开关操作说明

4. 骨架

骨架主要是为了将底板、裙板及端板连接成框架结构而设，采用轻量化结构，根据不同的部位及车下设备的布置，采用不同结构形式的骨架，应保证安全可靠，表面防腐、防松措施（如采用 HARD–LOCK 螺母）应成熟可靠，可抗振动及冲击；为减小骨架安装座的载荷，安装座数量冗余。骨架结构基本上可分为以下几种，具体见图 2–39～2–42。

① 能利用车下设备安装座的（设计时，枕内应尽量利用车下设备上的安装座）。此类骨架结构简单，为高强度的铝型材，采用圆头方颈的螺栓+HARD–LOCK 螺母安装，安装可靠，不会因为车下设备的振动及铝合金的屈服而松动。同时，设计上也要便于安装调节。

② 不能利用车下设备安装座的。此类骨架不能在车下设备上安装，须制作成 U 形，并与车体上的带 C 形滑槽的横梁相连接，根据情况，可在局部增设加强筋板，必要时在中间增设加强立柱。

图 2–39　底板安装梁与设备安装座连接图示

图 2–40　U 形骨架与车体连接图示

端部骨架分为枕内骨架及枕外骨架。枕内骨架由于结构复杂，采用板厚 6 mm 的板材（非热处理型铝合金中强度最大的高耐腐蚀性合金）焊接而成；枕外骨架由于结构相对简单，采用强度适中、挤压性能优良的铝合金型材焊接而成。

图 2–41　枕内端部骨架安装示意图

图 2–42　枕外端部骨架安装示意图

5. 防雪板

为防止转向架上部底架积雪，保护转向架上部电线槽中的电线及管路不受积雪影响，并使转向架上部平滑，降低运行阻力，设置不锈钢制防雪板。防雪板边缘翻边加强，局部过渡处增设加强筋，为了提高刚度，可根据情况通过足够安全裕量的螺栓进行固定。

2.7 防 爬 装 置

防爬装置是安装在轨道车辆车体前端防止列车意外碰撞时互相爬起的装置，此外还具有吸收碰撞能量的功能。防爬装置通常由防爬齿、吸能部分、安装座等组成。当列车发生碰撞时，两列车前端防爬器的防爬齿会相互啮合，当冲击载荷超过防爬器预设的触发载荷时，吸能部分在防爬齿的作用下产生塑性收缩，向安装座方向退行，同时能承受一定的垂向载荷，从而起到防止列车爬车作用。从吸能方式来划分，主要有收缩式、切削式。

1. 收缩式防爬装置

收缩式防爬装置由防爬齿、收缩管、导向环、安装座、螺母构成，主要通过收缩管的折叠变形来吸能。收缩式防爬装置如图 2-43 所示。

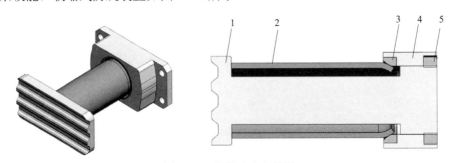

图 2-43　收缩式防爬装置

1—防爬齿；2—收缩管；3—导向环；4—安装座；5—螺母

2. 切削式防爬装置

切削式防爬装置由防爬齿、切削管、刀具、安装座构成。当冲击载荷超过防爬器预设的触发载荷时，切削管在防爬齿的作用下向安装座方向退行，此时刀具对切削管进行切削，吸收能量。切削式防爬装置如图 2-44 所示。

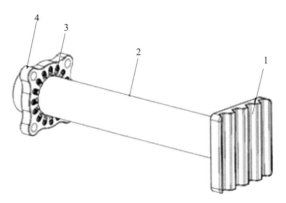

图 2-44　切削式防爬装置

1—防爬齿；2—切削管；3—刀具；4—安装座

第 3 章

车体性能设计试验与相关标准

3.1　车体强度刚度设计标准

车体强度刚度设计技术是一种以仿真计算、试验验证为手段，对车体结构进行设计及优化，控制车体结构的应力及变形水平在预定安全范围内，从而满足车体结构可靠、运营安全的设计方法。

国外车体强度刚度设计标准主要有 JIS E 7106、EN 12663、UIC 566。JIS E 7106 主要以车辆轻量化、节能降耗为主要指标而制定。EN 12663、UIC 566 则是以车辆安全和可靠性作为首要目标制定的标准。两种以不同理念制定出的标准在各个评价指标中有较大差异，主要差异如下。

① 垂直载荷工况：JIS E 7106 中的动载荷系数为 1.1；EN 12663、UIC 566 中的动载荷系数为 1.3。

② 纵向压缩工况：JIS E 7106 中的压缩值为动车组 980 kN，城轨车辆 490 kN；EN 12663 中的压缩值为动车组 1 500 kN，城轨车辆 800 kN；UIC 566 中的压缩值为 2 000 kN。

③ 纵向拉伸工况：JIS E 7106 中的拉伸值为动车组 490 kN，城轨车辆 345 kN；EN 12663 中的拉伸值为动车组 1 000 kN，城轨车辆由运营商与设计者商定；UIC 566 中的拉伸值为 1 500 kN。

④ 端部压缩工况：JIS E 7106 中的压缩值由运营商与设计者商定；EN 12663、UIC 566 中的压缩值为地板上方 150 mm 处 400 kN，车窗下缘高度 300 kN，上边梁高度处 300 kN。

⑤ 抬车工况：EN 12663 中是一端抬车和两端抬车工况，其动载荷系数为 1.1；UIC 566 对应的是复轨工况，其动载荷系数为 1；JIS E 7106 中没有此项规定。

⑥ 三点支撑工况：JIS E 7106 规定的载荷是整备状态的车体重量，动载荷系数是 1；EN 12663 标准中有相似的规定，但其垂向偏移量由运营商规定；UIC 566 没有此项规定。

⑦ 扭转载荷工况：JIS E 7106 规定的扭转载荷值为 40 kN·m，EN 12663、UIC 566 没有此项规定。

⑧ 气密载荷工况：JIS E 7106 中对于运营速度大于 200 km/h 的车辆有明确规定；EN 12663 没有做强制规定；UIC 566 中没有规定。

国内车体强度刚度设计标准主要有《铁道车辆强度设计及试验鉴定规范》（TB/T 1335—

1996)、《铁道客车车体静强度试验方法》（TB/T 1806—2006）和《200 km/h 及以上速度级铁道车辆强度设计及试验鉴定暂行规定》。无专门针对城轨车辆的强度标准。

TB/T 1335—1996 和 TB/T 1806—2006 适用于标准轨距常速客车车体强度刚度的评判依据。《200 km/h 及以上速度级铁道车辆强度设计及试验鉴定暂行规定》适用于 200 km/h 及以上速度级铁道车辆，其内容与 UIC 566 基本相同，只是对车钩区域压缩载荷和拉伸载荷进行了改动（压缩载荷 1 500 kN、拉伸载荷 1 000 kN），并增加了气动载荷 4 000 Pa 的规定。

3.1.1　基于仿真的结构优化技术

基于仿真的结构优化技术流程如下：首先，通过仿真分析获得车体结构各个部位的应力值，分析车体结构的应力值分布及高应力区，找到结构的薄弱部位；其次，选择薄弱部位的关键尺寸作为优化设计变量，根据实际要求和工作环境确定设计空间，在此基础上建立起参数化有限元模型；在设计空间中进行结构设计，选取样本点，用优化软件获得样本点的目标函数响应；最后，通过选取的样本点及其响应值构造目标函数的近似模型，并检验近似模型的精确度，直到满足要求。

3.1.2　连接件的等强度设计技术

连接件的等强度设计技术是在设计连接时，要力求使连接件和被连接件的强度相等，从而使两者对各种可能的失效具有相等的抵抗力的一种方法。采用等强度设计，可以使连接件中各零件潜存的承载能力都得到充分发挥。不过由于结构、工艺和经济上的原因，常常不能达到等强度设计。这时连接的强度由连接中最薄弱环节的强度决定。这一强度与被连接件强度的比值称为连接的强度系数。它表示被连接件因连接而削弱的程度，其比值一般在 0.6～1 之间。为提高这个比值，可采取局部连接加强的方法。

3.1.3　刚度匹配设计技术

在结构设计时，不同连接部件组成的整体结构共同承受外部载荷，在外部载荷的作用下，有些部件的应力值超过临界屈曲应力，会导致部件产生失稳状态。失稳后的部件其承载能力显著降低，进而使得其他部件分担的载荷加大，严重情况下其他部件的应力值会超过临界屈曲应力，产生连锁失稳反应。刚度匹配设计使车体结构经过合理的设计后，能够整体承受施加的载荷，分散载荷的作用集中区域，避免结构产生失稳的潜在风险。

3.2　车体刚度仿真分析

车体刚度仿真分析针对设计完成的车体结构，首先应用有限元分析软件，按照车体有限元建模的原则（包括网格划分大小的确定、局部结构的简化程度等），建立车体的有限元模型；然后依照相关强度标准、技术条件中的载荷工况、材料特性、评价依据和相关车体试验方法中的边界条件，进行车体有限元分析；最后根据仿真分析的结果（包括应力和变形）评价车体结构是否满足标准中规定的要求。

整备车体的一阶弯曲固有振动频率与车体结构体的刚度有关，对于给定的车体断面，可以计算出车体结构体的挠曲量，在设计规划阶段可以预估整备车体质量和车体结构体质量，按照公式（3–1）的质量换算，求出整备车体的一阶弯曲固有振动频率 f_c。

$$f_c = \frac{1}{2\pi}\sqrt{\frac{g}{\delta \times \dfrac{W_c}{W}}} \tag{3–1}$$

其中

g：重力加速度；

W：车体结构体质量；

W_c：整备车体质量；

δ：车体结构体的自重引起的车体中央部位的挠度，用公式（3–2）计算：

$$\delta = \frac{W l_1^2}{384 EI}(5 l_1^2 - 24 l_2^2) \tag{3–2}$$

其中

l_1：车辆定距；

l_2：转向架中心到车体端部距离；

W：车体结构体质量；

I：梁截面的惯性矩；

E：材料的弹性模量。

3.3　车体强度刚度试验验证

3.3.1　静强度刚度试验验证

对按照不同强度刚度标准设计的车体结构，按照对应的试验方法中的要求，确定试验载荷值及施加方法，如均布载荷或集中载荷的大小和位置。

按照边界约束条件，施加弹性约束、刚性约束及约束自由度。

根据车体设计和实际受力状况、仿真分析结果等资料，选择在主要承载部件和大应力部件、危险断面、过渡断面及应力集中处粘贴应变片。

试验取得各个工况中测试点的应力和变形，按照相关标准中的强度和刚度评价指标考核车体是否满足要求。

3.3.2　气密强度试验验证

对气密强度有要求的车体结构，按照相关标准或技术条件的要求，确定气密载荷值。以

向车内充气的方式施加气密载荷，在达到最大气密载荷值的过程中，取几个典型载荷值（包括最大载荷值）的各个测试点的应力和变形，按照标准或技术条件评价车体的强度。

3.3.3 疲劳强度试验验证

在车辆线路运行过程中，车体受到轮轨、气动载荷及受电弓等多源疲劳载荷输入，导致车体结构产生疲劳性损伤。首先通过仿真分析了解车体结构疲劳强度高应力部位，然后在高应力区域、关键区域及典型区域布置应变片，按照相关标准中关于疲劳载荷试验的规定进行车体整体及关键部件的试验室长寿命疲劳试验。根据疲劳试验的结果评价车体结构的可靠性，以及优化改进车体结构方案。

由于气密疲劳试验在国内形成得比较晚，气密疲劳试验方法中的边界条件及试验周期等关键问题还有待进一步的分析。对于关键结构件的疲劳试验，"十一五"期间只是参考国外标准做了很少的试验。车体整车的疲劳试验更是没有试验过。目前积累的少量测试数据尚不足以形成国内车体及关键结构件疲劳试验的方法和标准。

3.4 动车组车体结构强度相关标准

动车组车体作为铁道车辆车体的一种，结构强度包括静强度、疲劳强度、气密强度、模态、碰撞等多方面的要求。

在国外，动车组车体主要有不锈钢车体和铝合金车体两种。不锈钢车体耐腐蚀性好，但其焊接结构难以保证高速运行情况下的气密强度和气密性，具有局限性。铝合金车体经历了骨架外壳结构、薄壁挤压型材单层结构、中空挤压型材双层结构等演变。中空挤压型材双层结构的铝合金车体是目前最适合高速动车组的车体结构，在车体结构安全的各方面均能很好地满足要求。随着对车体结构安全性认识的不断深入，对碰撞性能的要求已经越来越成为被关注的焦点。

在国内，动车组车体结构的形式随着动车组的演变，曾经有过内燃动车组和分散动力电动车组的碳钢车体、准高速动车组的不锈钢车体和铝合金车体，车体结构主要关注的是静强度和模态。近年来，随着高速动车组技术的引进，中空挤压型材双层结构的铝合金车体已经成为动车组的主要结构形式。

高速动车组车体采用的强度标准主要是技术引进时原型车采用的标准。CRH$_1$、CHR$_3$、CRH$_5$型动车组执行 EN 12663–1，CRH$_2$型动车组执行 JIS E 7105、JIS E 7106。在这些标准的基础上，针对国内运营要求，在乘客载荷、气密强度等方面提出了一些进一步的要求。

CRH380AL 型新一代动车组车体，在 CRH$_2$ 车体成熟结构的基础上，结合振动模态要求和气密强度提升要求，对车体断面、司机室结构、底架地板、端墙结构等进行优化设计，同时继续保留其轻量化、等强度的特点，通过试验验证满足 EN 12663–1 要求。

3.4.1 国外标准

国际上，动车组车体结构安全相关的标准主要有 EN 12663–1:2010、EN 15227:2010、

JIS E 7106:2006、JIS E 7105:2006、GM/RT 2100:2010、美国 RSAC（铁路安全咨询委员会）报告草案 Tier I。以下对这些标准进行分析。

1.《铁路应用　铁道机车车辆结构要求　第 1 部分：机车和旅客列车（和货车的替代方法）》（EN 12663–1:2010）

该标准规定了铁路车辆车身结构的最低要求、车身应负载的载荷、材料数据的使用方法和设计检验所使用的分析和试验原则。该标准适用于所有 EU（欧洲联盟）和 EFTA（欧洲自由贸易联盟）铁路车辆。该标准对铁路车辆车体结构的诸多方面都提出了相应的要求，有强制性的、有推荐性的、有可选的，考虑比较全面，已在包括欧洲国家在内的许多国家使用。满足该标准的要求是铁道车辆车体结构发展的趋势。国内的高速动车组产品如果要面对国际市场，设计车体结构时必须要考虑该标准的要求。

2.《铁路应用　铁路车辆车体防撞性要求》（EN 15227:2010）

该标准在 EN 12663–1 对作用在车辆端部的静压缩载荷基本要求的基础上，为了保证乘客的安全，通过对结构的被动安全设置附加要求来进一步增强结构基本强度。

该标准的适用范围包括车体、在碰撞过程中吸收能量并与车体直接相连的其他机械单元，如车钩、缓冲系统等；但是不包括门窗、系统部件及内部装饰件等防止旅客意外受伤的部件，除非它们与保持救援空间有关。其认可的提供被动安全的常用措施可以在每一节车辆采用。该标准也详细描述碰撞情况中用到的参考障碍模型的特征。但并不是每辆车都要求装备吸能装置，只要新型列车作为一个整体能满足欧洲标准即可。

3.《铁道车辆　客车车体结构设计一般要求》（JIS E 7106:2006）

该标准主要规定了电动车组、内燃动车组、客车等车辆车体结构必须承受的载荷，同时对施加载荷后产生的应力和使用材料特性进行结构设计时的强度评价方法作出规定。该标准主要应用于日本生产的在其本土运行的铁道车辆。青岛四方机车车辆股份有限公司生产的高速动车组也使用该标准。

4.《铁道车辆　客车车体结构静载荷试验方法》（JIS E 7105:2006）

该标准主要规定电动车组、内燃动车组、客车等车辆车体的强度、刚度等静载荷试验（以下称试验）方法，对 JIS E 7106:2006 中规定的载荷要求是否满足、试验项目如何具体实施的试验方法进行了规定，试验结果的评判依据 JIS E 7106:2006。青岛四方机车车辆股份有限公司生产的高速动车组的试验是按照该标准实施的。

5.《铁路车辆的结构要求》（GM/RT 2100:2010）

该标准是英国铁路集团标准，由铁路安全与标准委员会制定，规定了轨道车辆主结构和次要结构的设计和完整性要求，包括内部防撞性。车体结构方面，在 EN 12663–1:2010 和 EN 15227:2010 的基础上，对车体附属设备提出了进一步的要求。

6. 美国 RSAC（铁路安全咨询委员会）报告草案 Tier I《用于替代设计客运铁路设备防撞性和乘员保护性能的评估技术标准和程序》

该标准是由美国交通部联邦铁路管理局研究和开发办公室编写的。该标准借鉴了 EN 12663–1 和 EN 15227 的部分要求，采用了铁道车辆防撞性方面最新的科技，对于在美国运用的运行速度超过 200 km/h 的车辆，为了提高碰撞事故中乘员的生存率，在车辆占用空间完整性、碰撞能量管理、乘员保护等方面进行了分析和说明。该标准分为列车级、车厢级、内部乘员保护三类。该标准中包含的对车体结构设计的部分要求主要是为保证车辆系统防撞性能。

3.4.2 国内标准

1.《200 km/h 及以上速度级铁道车辆强度设计及试验鉴定暂行规定》（科教装〔2001〕21 号文）

该文件规定了 200 km/h 及以上速度等级铁道车辆的强度设计、评估及试验鉴定的要求，适用于鉴定我国新研制的最高运行速度在 200 km/h 及以上速度级的一般用途的准轨高速铁道车辆及其主要零部件的结构强度。

2.《动车组车体（暂行）》（TJ/CL 293–2013）

该文件规定了 CRH 系列定型动车组用车体的技术要求、检验方法、检验规则、使用寿命、标志、运输与储存要求等，用于指导动车组用车体的设计、制造、检验、试验和认证。

3.《动车组前端开闭机构（暂行）》（TJ/CL 300–2013）

该文件规定了 CRH 系列定型动车组用前端开闭机构的技术要求、检验方法、检验规则、使用寿命、标志、运输与储存要求等，用于指导动车组用开闭机构的设计、制造、检验、试验和认证。

4.《铁道应用 轨道车体的结构要求》（Q/SF 71–002–2006）

该标准等同转化 EN 12663:2000 标准。

5.《高速动车组铝合金车体的静载荷试验方法》（Q/SF 71–006–2008）

该标准修改采用日本工业标准《铁道车辆车体结构的静载荷试验方法》（JIS E 7105:1989），取消了原标准中与高速动车组车体不相关的内容，并结合我国的应用需求进行了修改完善。

6.《高速动车组前头排障装置设计规范》（Q/SF 71–037–2012）

该标准规定了高速动车组前头排障装置的使用条件、设计原则、组成、结构设计及材料要求等，保证动车组排除障碍物的性能，保证运营安全。

7.《高速动车组车体通用设计规范》（Q/SF 71–061–2013）

该标准规定了高速动车组车体结构设计、静强度、刚度、气密强度、稳定性、模态、疲劳强度、气动性能、被动安全设计的准则及计算和试验要求。

8.《高速动车组车体吊挂件固接结构设计规范》（Q/SF 71–040–2012）

该标准规定了高速动车组车体吊挂件固接结构设计的设计原则、使用条件、结构设计、验证等要求，保证动车组车体吊挂安全性。

3.5 气动性能研究及相关标准

随着列车运行速度的提高，列车的空气动力问题日益突出。虽然列车和汽车都是在地面上运行的交通工具，但列车和汽车不同，列车由多节呈长方体的车厢串联组成，外形细长，载重量大，运行速度高于汽车，而且列车是在固定轨道上高速运行。当复线上两相对运行列车交会及列车过隧道时，如果空气动力问题处理不当，将影响行车安全和旅客的舒适性并制约列车运行速度的提高。

日本是最早开行高速列车的国家，正是因为其复线间距和隧道截面积偏小，至今列车的营运速度都未能超过 300 km/h；德国的常导高速磁浮列车，由于对列车交会问题未作深入的研究，在上海浦东磁浮线路上两列车高速交会时，车体侧壁产生较大的弹性变形并伴有爆破声，严重影响旅客的舒适性。因此列车有其自身的空气动力学问题，特别是高速轮轨和磁浮列车的发展，使列车空气动力学成为风工程与工业空气动力学研究领域中的一个重要分支。

列车空气动力学研究可追溯到 20 世纪 30 年代，当时英国对运行的列车在横风作用下所承受的力和力矩进行研究，采用缩比 1:25 列车模型进行了风洞模拟试验研究。20 世纪 50 年代后期，日本、英国围绕高速列车减阻，以及高速列车与运行环境相互影响的问题开始系统研究列车空气动力学。随后德国、法国于 20 世纪 70 年代也相继开展试验研究工作。

中国对列车空气动力学的研究工作是从 20 世纪 60 年代开始的，针对铁路货车翻车和脱轨问题，研究了列车的横风效应。20 世纪 80 年代末期，围绕列车提速问题，对速度为 160 km/h 的"东风 11 型"（内燃）、"韶山 8 型"（电力）准高速机车外形优化设计进行了试验研究。20 世纪 90 年代初期，中国发展高速铁路的计划正式启动，列车空气动力学的研究进入一个新的阶段，尽管中国的研究工作起步较晚，但进展很快。1998 年，中国自行设计、速度为 200 km/h 的首列动力集中型客运电动车组正式投入营运，相继有 200 km/h 动力分散型、270 km/h 动力集中型（中华之星号）等多种类型的国产高速、准高速电动和内燃动车组在线路上投入使用，均具有良好的空气动力性能。

21 世纪初，随着引进动车组技术，我国在从欧洲和日本引进的原型车的基础上生产制造了 CRH$_1$、CRH$_2$、CRH$_3$、CRH$_5$ 型动车组，并开展了对这些动车组的空气动力学性能的研究，这些研究结合了仿真分析、模型试验、线路试验。

青岛四方机车车辆股份有限公司对 CRH$_2$ 型动车组的空气动力学性能进行了深入研究分析，在此基础上，开展了 CRH380A 型动车组空气动力学研究工作。

动车组的空气动力学性能主要与车辆断面、头型、局部结构设计等相关，其中头型的影响因素较大。

头型设计需要考虑的因素繁多，各设计变量和气动性能之间相互关联，相互制约。为实现 CRH380A 头型设计目标并满足边界限制条件要求，通过进行头型设计变量对头型气动性能指标的影响分析，在诸多设计变量之间取得平衡，以达到最佳的综合气动性能，提出 CRH380A 头型各设计变量提升方向，指导头型设计。

综合对断面形状、长细比、截面积及截面积变化率、鼻锥引流、驾驶舱倾角、外表平顺化、转向架侧罩、水平断面形状、纵断面形状等设计变量的分析及提升方向，为达到新一代动车组顶层技术指标的相关要求，解决速度提升对安全性、舒适度等目标带来的影响，主要通过改进车体断面形状，并且适当增大长细比，加强截面变化的控制，实现综合气动性能的提升。

根据对头型的技术分析得到头型技术的提升方向，青岛四方机车车辆股份有限公司设计了 20 种初步方案，通过分析、比选，优选出 10 种方案。对选出的 10 种较优方案进行空气动力学仿真分析，优选其中 5 种头型方案进行设计再优化及风洞试验，通过数值计算及风洞试验分析，进行各头型气动性能的研究和评估，最终优选综合气动性能最优的头型用于 CRH380A 型动车组。

3.5.1 国外标准

1. EN 标准，EN 14067–1～14067–6，共 6 部分

《铁路应用 空气动力学 第 1 部分：符号和单位》（EN 14067–1:2003）定义了在空气动力学领域用于公式和计算的符号和单位。

《铁路应用 空气动力学 第 2 部分：开放式轨道上的空气动力学》（EN 14067–2:2003）定义了在开放式轨道上包含空气动力学阻力在内的运行阻力公式，列车对轨道附近人和装置的空气动力学影响，开放式轨道上交会通过的列车的空气动力学影响及侧风的影响，并提出了对试验和仿真分析的评估要求。

《铁路应用 空气动力学 第 3 部分：隧道内的空气动力学》（EN 14067–3:2003）定义了在隧道中包含空气动力学阻力在内的运行阻力公式，隧道中会车时的空气动力学效应，并提出了对试验和仿真分析的评估要求。

《铁路应用 空气动力学 第 4 部分：开放式轨道上空气动力学要求和试验程序》（EN 14067–4:2005+A1:2009）定义了开放式轨道上的空气动力学要求和试验程序。对运行阻力、运行列车引起的压力波对物体造成的负载、运行列车引起的气流对物体的压力、运行列车引起的气流对站台上旅客的压力、运行列车引起的气流对轨道边工人的压力、运行列车对经过列车造成的压力，从预测公式、数值模拟、缩比试验、全比例实体试验的角度提出了评估要求。

《铁路应用 空气动力学 第 5 部分：隧道内空气动力学性能和试验程序》（EN 14067–5:2006+A1:2010）定义了列车通过隧道时的空气动力学性能要求和试验程序，提出了为满足医学健康标准用来量化气压变化的方法，作用在非密封列车横向上的压力载荷，以及隧道中密封车辆的压力载荷。

《铁路应用 空气动力学 第 6 部分：横风评审要求和程序》（EN 14067–6:2010）定义了横风评估要求和程序，提出了车辆横风稳定性评估方法、必要的铁路线数据采集方法、铁路线受风评估方法、侧风风险分析和评估方法，以及文件记录要求。

2. 国际铁路联盟标准 UIC 799–11:2005

《用空气动力学观点确定铁路隧道横截面积》（UIC 779–11:2005），定义了如何用空气动力学观点确定铁路隧道横截面积。

3.5.2 国内标准

1. 技术文件《高速列车空气动力学性能计算和试验鉴定暂行规定》

该文件规定了高速列车空气动力学计算、试验及评估鉴定的要求，适用于标准轨距铁路线上营运速度为 200～350 km/h 的高速列车；最高营运速度低于 200 km/h 的客运列车，以及需要考虑空气动力学性能的货运列车可参照使用。

2. 企业标准

《高速动车组空气动力性能风洞试验规范》（Q/SF 23–005–2012）；

《高速动车组空气动力学性能线路试验规范》（Q/SF 23–006–2012）；

《高速动车组风洞模型设计规范》（Q/SF 23–007–2012）；

《高速动车组气动设计规范》（Q/SF 23–008–2012）；

《高速动车组气动噪声风洞试验规范》（Q/SF 23–011–2012）。

这些标准是青岛四方机车车辆股份有限公司在高速动车组头型研究、车辆断面优化研究的创新成果和实际工程经验的基础上归纳总结得来的，对于高速动车组的空气动力学气动设计、仿真、试验具有指导作用。

第4章

气动设计与试验

4.1 概　述

高速动车组头型设计中需要考虑的因素繁多，各种设计要素和性能之间相互关联、相互制约，需在诸多设计因素之间寻求平衡，以求达到最佳的设计效果。为此，需要确定高速动车组头型设计的原则性目标，即在切实保障安全性的前提下，全力提升乘坐舒适度指标，同时兼顾节能和环保的要求，实现以人为本的根本目标。

安全性是设计中需要考虑的首要因素，任何性能上的提升都不允许以安全性为代价。在列车运行过程中，高速运行的列车与静止的地面和周边设施，以及线路上运行的其他列车相互影响，形成复杂的流固耦合效应，对列车自身的安全和周边设施，以及行人的安全均带来不良影响。高速列车自身运行安全的影响主要包括气动升力、交会侧向力及横风对运行稳定性的影响，表面压力及交会压力波对车体强度的影响，隧道效应、横风效应等；高速列车对周围环境安全的影响包括列车风对路边行人及设施的影响，列车隧道耦合效应对隧道设施的影响等。高速列车头型的设计，要将这些给列车和周边设施，以及行人带来安全隐患的性能提升放在首要位置考虑，据此分析设计改进的方向和措施。

随着列车速度的提高，旅客的综合舒适度问题变得日渐突出。对高速列车舒适度产生影响的空气动力学因素主要有车内噪声、车体局部结构及车内设备振动、列车交会引起的车内气压波动等，以及交会压力波或侧向力对列车平稳性造成的不利影响。高速列车头型设计，要着重考虑减小车体气动噪声、减小交会压力波幅值及车内压力波动，全力提高乘客的综合舒适度。

随着高速列车速度的提升，列车阻力系数快速增长，从节能降耗的角度看，列车速度提升，单单依靠提升牵引功率来解决问题，显然是不科学的，应该同时考虑降低运行阻力。要实现新一代高速列车持续运营速度 380 km/h 和最高运行速度 420 km/h 的目标，就需要采取上述两方面的措施。试验表明，当速度为 300 km/h 时，空气阻力已占列车总阻力的 75%，随着速度的进一步提高，空气阻力已经成为列车总阻力的主要组成部分。通过设计理想的气动外形，有效降低气动阻力，由此成为高速列车节能降耗的一项有力措施。

纵观高速列车的发展历史，列车的设计始终是整个线路—车辆系统的有机组成部分，列车对环境的影响适应性问题，一直受到各国的高度关注。高速列车的气动性能对环境的影响包括气动噪声、隧道口的微气压波、列车风对环境的激扰，这些影响都需要通过详实的论证和试验，力争以最小的环保代价实现运行速度的最大提升。如何克服车速与环保这一矛盾，正是高速列车头型设计需要考虑的另一课题。

4.2　头型设计

高速列车外形与列车空气动力学参数有着密切的关系，将直接影响整列列车的空气动力学性能。本节对各设计变量进行综述，分析车体断面形状，截面面积及截面面积变化率，长细比，纵断面及水平断面形状，鼻锥引流，转向架侧罩，驾驶舱倾角，司机视野、司机室结构及空间限制，开闭机构及车钩等附件空间关系各设计变量对整车空气动力学性能的影响。

4.2.1　车体断面形状

研究表明，车体断面的形状将主要对列车交会压力波及横向气动性能产生较大影响，通过优化车体断面形状，将有效地改善列车上述两方面的气动性能。

车体断面形状主要有鼓形和直壁形两种类型。鼓形断面较直壁形断面而言，更有利于减小交会压力波，鼓形断面的综合气动性能优于直壁形断面。

研究表明，车体断面中车顶过渡圆弧半径对列车横风性能影响比较显著，增大车顶过渡圆弧半径能够有效改善列车横向气动性能。

4.2.2　截面面积及截面面积变化率

研究结果表明，车体截面面积是影响列车气动阻力的一个主要因素。对于同一外形，列车的截面面积越大，来流在列车头部的滞止区域，即正压区域越大，尾部的负压区域也变大，使得压差阻力增大。对于同一外形，截面面积的增大意味着车体截面"周长"增大，车体与空气接触面积扩大，气动摩擦阻力也会相应提升。截面面积变化对于气动阻力有着明显影响。

相对于长细比，截面面积变化率是更有效反应列车头部形状变化的设计变量。研究头部截面面积变化曲线，对于改善交会压力波，以及改善隧道性能都有较大的意义。

4.2.3　长细比

长细比是反映车体流线化程度的一个指标，常用的定义如式（4-1）所示：

$$r = \frac{L}{\sqrt{\dfrac{S}{\pi}}} \tag{4-1}$$

其中：L 为流线型长度；S 为车体横截面面积。

更加简洁的定义如式（4-2）所示：

$$r = \frac{L}{W} \tag{4-2}$$

其中：L 为流线型长度；W 为车体横截面面积。

按照以上两种定义的长细比并不能完全反映头部形状的变化，因此设计时需要将长细比与其他设计变量如截面面积变化率等相互对照，才能较好地反映头型的流线化程度。为解决这个问题，国内外在头型研究中通过加入截面面积及体积的考虑因素，提出了不同的长细比定义，其中比较科学的定义是与头部体积相等的半旋转椭球的长、短半轴之比。按此定义，大长细比的头部一定有着比较小的截面面积变化率。但是上述研究并未取得广泛的认可，定义中涉及的车体参数较多，其中有些参数并不容易得到。为便于描述，下文中应用的长细比定义均为 $r = \frac{L}{W}$。

长细比的改变几乎对所有的空气动力学性能都有影响。增加头部的长细比主要将降低交会压力波水平，减小所产生的微气压波，从而改善列车空气动力学性能，对降低列车气动阻力，减小气动升力也有一定的影响。

4.2.4 纵断面及水平断面形状

纵断面及水平断面控制线，两者相互关联，相互影响，为长细比、截面面积变化率等设计变量在头部造型上的具体反映，共同决定了头型的具体形状。

对于纵断面而言，随着纵断面轮廓线由外凸到内凹，头车的空气阻力略有增大，尾车的空气阻力略有减小，整列车的空气阻力基本不变。纵断面轮廓线对气动升力的影响也不大。对于交会压力波而言，纵断面轮廓线由外凸到内凹，交会压力波逐渐减小。综合比较，纵断面轮廓线内凹，即所谓"双拱"型头型有着较好的综合气动性能。

水平断面形状对列车气动性能的影响比较复杂。对于交会压力波，水平断面形状越饱满，交会压力波越小。但对于气动阻力和气动升力而言，水平断面形状越尖锐，气动阻力和气动升力越小。

纵断面较尖锐，而水平断面较饱满的扁宽型头型有助于减小空气压力波，但空气阻力较大；纵断面较饱满，而水平断面较尖锐的椭球型头型空气阻力较小，但空气压力波较大；另外，在横风作用下，椭球型的头型空气阻力急剧上升，很快就超过了扁宽型的头型。这也解释了为何欧系动车组头型多为椭球型，而线路上隧道较多的日系动车组头型多为扁宽型。在新一代头型设计中，需要综合考虑各种因素，合理选择头型。

4.2.5 鼻锥引流

鼻锥部分的设计对列车的流场分布状况有重要的影响，其形状、驻点的高度，以及与车端排障装置形成的导流槽，直接决定迎风面来流的分流形式。按照前面的分类，可分为椭球型鼻锥和扁宽型鼻锥。椭球型鼻锥即将头部气流向上下左右各个方向引导的"三维"鼻锥，有着较小的气动阻力，但交会压力波较大；扁宽型鼻锥即将头部气流主要向上下两个方向引导的"二维"鼻锥，气动阻力较大，但有助于减小交会压力波。

此外，鼻锥的高度和下部排障装置的方向和形式对列车的交会压力和头车、尾车的升力有很大影响。鼻锥部位的细节设计，对气动外形性能的调整具有很重要的意义。

4.2.6 转向架侧罩

对车辆下部气动噪声的分析显示，增加转向架侧罩，可以使得转向架侧面外侧平顺化，气流在转向架附近流动更加平滑，从而降低转向架区域的涡旋强度，减弱转向架及侧罩表面的压力脉动，减小气动噪声。经风洞试验测定，在距车体侧面 25 m 处测点，该项措施可使转向架部位气动噪声降低约 3 dB（A）（实际尺寸转换后）。

4.2.7 驾驶舱倾角

单纯从气动噪声考虑，驾驶舱应与头型表面平滑过渡，将气流导向车顶，避免在驾驶舱玻璃和车体的连接处产生涡旋，出现压力脉动，造成明显的气动噪声影响。椭球型头型一般有着较小的驾驶舱倾角，在降低气动阻力的同时也减弱了气动噪声，然而过小的驾驶舱倾角将会对司机视野造成不利影响。"双拱"型头型一般驾驶舱倾角较大，司机视野较好，但驾驶舱部分曲率变化较大，容易产生流动分离，增大气动噪声幅值。

考虑列车运行的隧道效应，特别是表面压力梯度，高速列车的头型设计一般设计成三区或者四区的形式，以便同时兼顾压力梯度与截面形状面积的匹配，减少对列车周围气体的冲击变化。驾驶舱倾角在保证司机视野及室内净空间的前提下，主要与外形设计中的车身导流槽配合设计。驾驶舱倾角与气动噪声、压差阻力、交会压力波、微气压波等性能指标相关，需详细设计。

4.2.8 司机视野、司机室结构及空间限制

头型设计除了前面的气动性能参数相关的设计变量外，还有诸多结构上的制约因素，其中特别要关注司机视野设计、司机室内空间结构及布置，以及列车有效空间的限制等诸多因素，此外还要考虑制造工艺和制造成本的影响。

头型设计的一个首要先决条件是司机驾控性能的保证。造型必须首先考虑实际的良好视野，同时需要为司机提供一个较好的操作空间，由此对驾驶室净高度、净空间和各种与车体设备如前窗、头灯和操纵设备等提出了要求。

此外，头部造型的流线化程度必须与头车的有效空间，即设备与乘客数量之间寻求平衡，在满足运营要求的条件下，获得最优的气动性能。头型的设计还须考虑制造工艺的可行性和成本因素，特别是流线化部分与二维面的结合部设计，必须注意。

4.2.9 开闭机构及车钩等附件空间关系

高速列车头部布置有很多附件，如开闭机构、车钩、缓冲装置、电气设备、制动连接件

等。头型设计中，需要对开闭机构、车钩、转向架等进行动态仿真校核，保证上述结构有足够的运动空间，不发生干涉。这是头型设计中的空间限制条件。

综上所述，头型设计的原则、相关空气动力学性能参数、主要设计变量之间的相关性如图4-1所示，在高速列车头型设计中，需要遵循设计原则，综合考虑各要素之间的关系，优化设计（注：表面压力及其分布规律是各种性能参数的基础，与所有的设计变量相关，最终影响所有的原则性目标，图中未一一对应）。

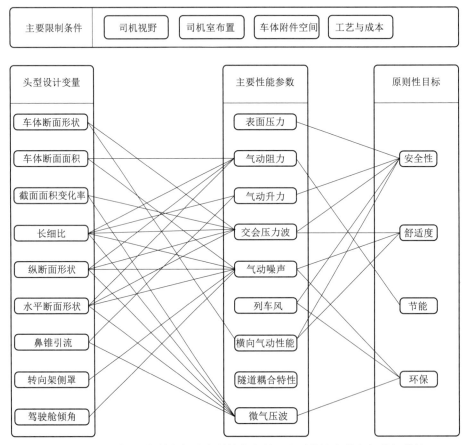

图4-1　设计原则、相关空气动力学性能参数、主要设计变量之间的相关性

4.3　空气动力学仿真分析

4.3.1　概述

空气动力学仿真计算是计算流体力学（computational fluid dynamics）的研究范畴，即用数值计算的方法求解流场状态方程组，从而得到流体运动的各个物理参数。列车空气动力学仿真分析通常遵循以下步骤进行。

① 问题的界定和流动区域的几何描述。即明确要解决的问题中流场的几何形状、流动条件和对于数值计算的要求。

② 选择控制方程和边界条件。一般来说，在列车空气动力学领域，所有重要的流动现象都可以用 Navier–Stokes（纳维–斯托克斯）方程来描述。根据不同的研究问题可以考虑定常或非定常、可压或不可压的流动模型。边界条件通常依赖于控制方程，如固体壁面条件、压力出口、速度出口等。在很多具体工况下，需要附加一些物理模型，如可以选择不同格式的湍流模型来简化计算量。

③ 确定网格划分策略和数值方法。在列车空气动力学仿真计算中网格划分可以采用不同的策略，如简单模型可以采用结构网格，复杂或者整车模型可以采用非结构网格、重叠网格等，在列车交会、隧道通过等状态下采用动网格（如滑移网格），网格还可以根据不同的数值解动态调整（自适应网格）。数值方法根据不同的网格形式、求解要求也有有限差分、有限元、有限体积、谱方法等。

④ 流场求解方法的验证和确认。在进行正式的列车空气动力学仿真计算求解前，需要对流场求解方法进行验证和确认。商业 CFD 软件已经成为求解工程中流体力学问题的常规手段，但是商业软件无法保证数值解的准确性和可靠性，需要通过一系列工程算例与试验数据进行对比，以明确软件在不同工况下的准确度、预测能力和适用范围。

高速列车运行工况复杂，单车明线运行，单车隧道、高架通过，明线、隧道交会，站台通过，等等。这些工况下的列车各项气动性能，难以通过地面试验进行模拟验证，只有通过空气动力学仿真计算进行分析研究，才能得到列车的气动性能参数，衡量其气动指标。

4.3.2　流场求解方法

1. 流场求解基本方程

进行列车空气动力学分析的基本方程也是流体力学基本方程，即由以质量守恒为基础的连续方程，以动量守恒为基础的动量方程，以能量守恒为基础的能量方程构成的 Navier–Stokes（纳维–斯托克斯）方程。根据不同的求解状态，可分为可压缩流控制方程和不可压缩流控制方程。

可压缩黏性流动遵循物理学中的基本规律，即质量守恒定律、动量守恒定律和能量守恒定律。根据质量守恒定律，控制流体内的质量随时间的变化率与单位时间经过控制面的流体质量净通量之和等于零，导出直角坐标系下的微分形式的连续方程如式（4–3）和式（4–4）所示：

$$\frac{\partial \rho}{\partial t} + \frac{\partial}{\partial x_i}(\rho u_i) = 0 \qquad (4\text{–}3)$$

即：

$$\frac{\partial \rho}{\partial t} + \frac{\partial(\rho u)}{\partial x} + \frac{\partial(\rho v)}{\partial y} + \frac{\partial(\rho w)}{\partial z} = 0 \qquad (4\text{–}4)$$

式中：u_i 为列车周围流场速度，分别代表 u、v、w 三个坐标方向的速度分量；ρ 为空气密度；x_i 为坐标的三分量，分别代表 x、y、z 三个方向坐标。

根据气体黏性应力与气体运动速度之间的关系，运用牛顿第二定律，忽略空气的质量力，得到直角坐标系下可压缩黏性流体的三个运动方程，见式（4-5）：

$$\frac{\partial}{\partial t}(\rho u_i) + \frac{\partial}{\partial x_j}(\rho u_i u_j) = -\frac{\partial p}{\partial x_i} + \frac{\partial}{\partial x_j}\left[\mu\left(\frac{\partial u_i}{\partial x_j} + \frac{\partial u_j}{\partial x_i} - \frac{2}{3}\delta_{ij}\frac{\partial u_i}{\partial x_i}\right)\right] \tag{4-5}$$

式中：u_i 或 u_j 为流场速度，代表 u、v、w 三个坐标方向的速度分量；x_i 或 x_j 为坐标分量，代表 x、y、z 三个坐标分量；p 为压力；δ_{ij} 为克罗内克符号，当 $i=j$ 时，$\delta_{ij}=1.0$，当 $i \neq j$ 时，$\delta_{ij}=0$；μ 为空气动力黏度。一般而言，μ 是温度的函数，在层流情况下，空气动力黏度 μ 的计算通常使用苏泽兰特（Sutherland）半经验公式，见式（4-6）：

$$\frac{\mu}{\mu_0} = \left(\frac{T}{288.15}\right)^{1.5}\frac{288.15+C}{T+C} \tag{4-6}$$

其中：μ_0 是 $T=T_0=288.15\,\text{K}$ 时的 μ 值；C 是常量，取 110.4 K。

根据能量守恒定律，可导出能量方程如式（4-7）所示：

$$\frac{\partial}{\partial t}(\rho E) + \frac{\partial}{\partial x_i}[u_i(\rho E + \rho)] = \frac{\partial}{\partial x_j}\left(k\frac{\partial T}{\partial x_j} + u_i\tau_{ij}\right) \tag{4-7}$$

$$\tau_{ij} = \mu\left(\frac{\partial u_i}{\partial x_j} + \frac{\partial u_j}{\partial x_i}\right) - \frac{2}{3}\mu\frac{\partial u_i}{\partial x_i}\delta_{ij}$$

式中：T 为绝对温度；$E=e+\frac{1}{2}u_i u_j$ 为总能，在常温下，内能和温度的关系式为 $e=c_v T$；c_v 为定容比热；K 为热传导系数。

对于可压缩流动，密度 ρ 要发生变化，而 ρ 又是一个热力学变量，因此，研究可压缩流动时，必须引入一个表征流体中热力学变量之间内在联系的本构方程，习惯上称为状态方程。假设空气是一种完全气体，则完全气体的状态方程为式（4-8）：

$$p = R\rho T \tag{4-8}$$

式中：R 为气体常数。

由式（4-3）～（4-5）的三个方程、式（4-7）和式（4-8）组成可压缩流动方程组，共六个独立方程。独立的未知量 ρ、p、T 和 u_i 的三个分量，共六个独立的未知量。由此，在层流情况下，方程组封闭。

一般情况下，列车的运行速度比较小，空气密度的变化对流动的影响可以略去不计，此时，可以采用不可压流动假设，即认为密度为常数。

连续方程如式（4-9）所示：

$$\frac{\partial u_i}{\partial x_i} = 0 \tag{4-9}$$

式（4-10）为三个方向的运动方程：

$$\frac{\partial u_i}{\partial t} + u_j\frac{\partial u_i}{\partial x_j} = -\frac{1}{\rho}\frac{\partial p}{\partial x_i} + \mu\frac{1}{\rho}\frac{\partial^2 u_i}{\partial x_j \partial x_j} \tag{4-10}$$

式中：ρ 为密度，为常量；其他符号意义同上。

式（4–10）为直角坐标下的不可压缩流的纳维–斯托克斯（Navier–Stokes，N–S）方程，适合于不可压缩黏性流体的运动。

由式（4–9）和式（4–10）组成不可压缩流动方程组，共四个独立方程，独立的未知量有 p 和 u_i 的三个分量，共四个独立的未知量。在层流情况下，方程组封闭。

在不可压缩流动模型中，能量方程与连续方程和运动方程不耦合，因此，如果对流场中的温度分布不予以考虑，则无须引入能量方程。如果需要了解由于黏性耗散引起的流场中温度分布的变化，则可以在求得速度分量 u_i 的分布后，代入能量方程求温度分布。

2. 数值求解方法

从前节可知，描述可压缩流动和不可压缩流动方程的主要差异是不可压缩流动的方程中质量是常数，因而导致偏微分方程组的性质不同，求解的数值方法也有所不同。

不可压缩 N–S 方程的数值求解过程中有两个关键问题：对流项的离散问题；压力梯度的离散问题。第一个问题实践上是对流项的差分格式问题；第二个问题是由于不可压缩方程中没有压力的方程产生，也即压力和速度如何耦合的问题。

由于对流作用有非常强的方向性，因此，对流项的差分格式的好坏直接关系到数值解的稳定性和准确性。这样，所谓对流项的差分格式，在有限体积方法中，实际上是界面上用哪些相邻的点进行插值的问题，因而对于式（4–11），主要就是构造 $\phi_{i+1/2}$ 和 $\phi_{i-1/2}$ 的插值格式。

$$u\frac{\partial \phi}{\partial x}\bigg|_i \cong \frac{u_i}{\Delta x}(\phi_{i+1/2}-\phi_{i-1/2}) \tag{4–11}$$

目前，列车数值模拟的工程应用中，使用最广泛的是中心差分格式、二阶迎风格式（second-order upwind scheme）和 QUICK 格式。

压力和速度的耦合问题与方程的求解方法相关，不可压缩流体流场的数值求解方法非常多，但从各种方法被使用的广泛性而言，压力修正法是目前求解不可压缩流场的主导方法。

压力修正算法的基本思想是：对于给定的压力场（可以是假定的初值或是上一层计算所得），作为源项带入各速度分量方程并依次序求解各方程，所得速度场如果满足连续性方程，则求解完毕；否则须对压力场进行修正，要求修正后的压力场相对应的速度场能满足这一迭代层次上的连续性方程，根据这一原则，把导出的压力修正值与速度修正值代入下一层迭代计算。压力修正算法中最有代表性的是 SIMPLE（semi-implicit method for pressure linked equation）算法及其修正算法 SIMPLER 算法、SIMPLEC（SIMPLE consistent）算法。

对于不可压缩流体的流场计算，研究者所关心的是流场中各点之间的压力差而不是其绝对值。流体的绝对压力常比流经计算区域的压差要高几个数量级，如果维持在压力绝对值的水平上进行数值计算，则压差的计算就会导致较大的相对误差。为了减少计算中的舍入误差，可以适当地设置流场中某点的绝对压力为零，而所有其他点的压力都是对该参考点而言的。采用这种做法时，数值计算所得的压力场会出现局部地区压力小于零的情形，但对于压差的计算毫无影响。

可压缩流场的数值模拟不存在压力和速度耦合的问题，因而其关键的问题只是对流项差分格式的问题。目前，在列车可压缩流场的数值模拟中，几乎都属于亚音速流动，因而，中心差分格式和 Roe 格式是相当合适也是普遍应用的格式。当然，可压缩流场的数值模拟也同样可以采用压力修正算法。

本教材在计算动车组的升、阻力特性、横风特性时，由于运行速度处于不可压缩流体范围，求解的是不可压缩 N–S 方程。动车组交会和过隧道，尽管按照运行速度仍然处于不可压缩流体范围，但其中涉及压随波和膨胀波的生成、传播和干扰等问题，必须按照理想气体处理，求解可压缩 N–S 方程。

3. 湍流模型

与列车相关的流动现象绝大多数是湍流流动。因此，在讨论列车周围空气流场流动的数值模拟时，自然也离不开如何模拟湍流现象的问题。特别对于很多复杂的列车周围空气流场流动，如附面层分离、大侧滑角、尾流等带有明显的分离特点的流动，除了要求高精度的计算方法和更合适的网格外，最为重要和关键的问题是如何模拟湍流流动。

湍流的数值模拟方法主要有直接数值模拟湍流（direct numerical simulation turbulence，DNST）、大涡模拟（large eddy simulation，LES）和湍流模型（包括涡黏性模型、雷诺应力模型（Reynolds stress model）。

目前，国际上所做的直接模拟仅限于较低的雷诺数和有简单外形的问题，而复杂的列车周围空气流场流动数值模拟还不适用；大涡模拟虽然已经开始应用于列车的湍流和气动噪声的计算，但由于其要求网格尺度非常小、网格规模非常大，对计算机的速度和内存仍然有较高的要求，还不能完全满足工程设计和应用的需要；雷诺应力模型和涡黏性模型中的 $k-\varepsilon$ 两方程模型，特别是 $k-\varepsilon$ 两方程模型，在列车周围空气流场流动的湍流数值模拟中应用最为广泛。

目前，对于列车空气动力学中的工程湍流问题，应用最广泛的是 $k-\varepsilon$ 两方程湍流模型，这里主要介绍标准的 $k-\varepsilon$ 湍流模型。

$k-\varepsilon$ 湍流模型也是一种涡黏性模型，它和代数模型的主要差别是 $k-\varepsilon$ 湍流模型的涡黏性系数 μ_t 包含了部分历史效应，将涡黏性系数和湍流动能与湍流动能的耗散率联系在一起，如式（4–12）所示：

$$\mu_t = C_\mu \frac{\rho k^2}{\varepsilon} \tag{4–12}$$

式中：μ_t 为涡黏性系数；k 为湍流动能；ε 为湍流耗散率；C_μ 为湍流常数，一般情况下取 $C_\mu = 0.09$。

湍流动能 k 方程如式（4–13）所示：

$$\frac{\partial}{\partial t}(\rho k) + \frac{\partial}{\partial x_i}(\rho k u_i) = \frac{\partial}{\partial x_j}\left[\left(\mu_l + \frac{u_t}{\sigma_k}\right)\frac{\partial k}{\partial x_j}\right] + u_t \frac{\partial u_j}{\partial x_i}\left(\frac{\partial u_j}{\partial x_i} + \frac{\partial u_i}{\partial x_j}\right) - \rho\varepsilon \tag{4–13}$$

湍流耗散率 ε 方程如式（4–14）所示：

$$\frac{\partial}{\partial t}(\rho\varepsilon) + \frac{\partial}{\partial x_i}(\rho\varepsilon u_i) = \frac{\partial}{\partial x_j}\left[\left(v_l + \frac{v_t}{\sigma_\varepsilon}\right)\frac{\partial\varepsilon}{\partial x_j}\right] + C_1 \frac{\varepsilon}{k}\frac{\partial u_j}{\partial x_i}\left(\frac{\partial u_j}{\partial x_i} + \frac{\partial u_i}{\partial x_j}\right) - C_2\rho\frac{\varepsilon^2}{k} \tag{4–14}$$

式中：v 为空气运动黏度，$v = \mu/\rho$；v_l 为层流运动黏度，v_t 为湍流运动黏度；C_1、C_2、σ_k、σ_ε 为经验常数，参考近几年已发表的文献，本教材计算时取值 $C_1 = 1.47$，$C_2 = 1.92$，$\sigma_k = 1.0$，$\sigma_\varepsilon = 1.33$。

近三十年来，以 $k-\varepsilon$ 两方程湍流模型为基础，提出了很多改进方案，如非线性 $k-\varepsilon$ 模型、多尺度 $k-\varepsilon$ 模型、重整化群 $k-\varepsilon$ 模型、可实现的 $k-\varepsilon$ 模型等，每一种模型都有不同的改进，但都有一定的局限性，必须根据具体问题，选择不同的模型，这也是湍流模型应用中存在的一个重要问题。

4.3.3　网格生成技术

网格生成技术是数值模拟复杂流场的一项关键技术，直接关系到求解的精度。一般来说网格生成的工作量占整个 CFD 仿真工作的 60% 左右。目前在流体力学领域应用较多的网格主要有结构网格和非结构网格两类，由于列车外形结构复杂，一般采用非结构网格进行流场求解。

列车交会、隧道通过、高架运行等工况是高速列车特殊的工况，其对网格生成技术的要求也不同于一般的流体力学问题。以列车通过隧道为例进行说明。

1. 列车通过隧道时的滑移风格

列车以某一速度进入隧道时，由于其对空气的挤压和隧道的壁面对气流流动的限制，会在隧道内形成系列的压缩波和膨胀波，这些波的传播、反射和相互的干扰使隧道内的空气压力和列车车体上的压力随时间波动，呈现较强的非定常性。同时，和列车明线交会一样，密度的变化引起的流场变化已经不能忽略，必须考虑空气的压缩性；模拟计算列车与隧道的相对运动，也需要像列车交会那样将流场进行分区。同时，进行两个计算区域间的数据信息交换和列车运动过程中同一区域内的数据信息交换，两个计算区域间的数据信息交换通过交换面进行。

2. 信息交换与滑移网格法

为模拟列车和隧道之间存在的相对运动，当列车向前运动时，区域 2 和区域 3 会和列车以同样的速度向前运动，而区域 1、区域 4、区域 5 和区域 6 静止，静止区域和运动区域之间的边界定义为交换面，静止区域和运动区域之间的信息交换通过交换面进行，如图 4-2 所示。列车过隧道将包含非结构网格区域和非结构网格区域之间的信息交换，以及非结构网格区域和结构网格区域之间的信息交换。非结构网格区域和结构网格区域之间的信息交换见图 4-3。

①—区域 1；②—区域 2；③—区域 3；④—区域 4；⑤—区域 5；⑥—区域 6

图 4-2　列车过隧道计算域分区示意图

区域 2 的边界面由 ABC 组成，区域 5 的边界面由 DEF 组成，在计算过程中，两边界面相对滑动而形成交换面：面 ABC 和面 DEF，互相切割形成公共面 a-d-b-e-c；单元 4 的边界信息通过面 d-b-e，由单元 1、单元 2 和单元 3 插值提供；同时单元 1、单元 2 和单元 3 的边界信息，通过面 a-d-b-e-c，由单元 4、单元 5 及区域 5 的其他边界单元的信息插值提供。

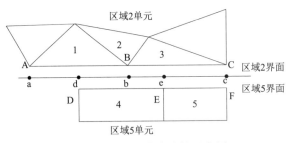

图 4-3　交换面信息交换示意图

3. 列车过隧道分区法

列车过隧道计算区域可以按图 4-2 分为 6 个子区域。

区域 1 为地面区域，一般该区域要求模拟附面层，由于该区域狭长，纵横比非常大，可用结构网格生成网格。

区域 2 随列车一起滑动，该区域离列车较近的地方，网格可以稍微密一点；该区域离列车较远的地方，网格可以比较稀疏。

区域 3 为列车周围一个较小的区域，该区域随列车一起滑动，由于列车的外形相当复杂，该区域的网格一般可采用非结构网格，而列车车壁附近的流场复杂，要求网格非常密，因此，该区域不宜太大，以减小网格的规模。

区域 4 和区域 6 为包含远场边界在内的隧道外的大部分区域，可以用结构网格划分该区域。

区域 5 为靠近隧道壁区域，一般该区域要求模拟附面层，由于该区域狭长，纵横比较大，可用结构网格生成网格。

4. 仿真分析内容及标准

高速列车空气动力学仿真分析内容复杂，与列车气动相关的工况均进行仿真分析研究，贯穿于列车研发过程的各个阶段。

在列车概念设计阶段，进行不同头型、车体附件方案的初步气动性能分析比较，并采用遗传算法、多目标优化等方法，进行外形方案的气动性能优化研究。

在列车方案设计阶段，进行列车整车气动性能的精细化仿真分析，不同工况、不同方案的气动力、气动噪声、表面压力、列车风、侧风稳定性、压力波传播特性等气动性能均进行分析验证，对列车气动性能给出较为准确的指标。同时，对于性能较差的方案进行气动优化设计。

在技术设计阶段，通过与风洞、动模型试验的对比，进行仿真方法的优化和修正，研究地面试验（风洞、动模型试验）结果与实车气动性能的数据相关性。

如前文所述，数值仿真分析需要进行数据的验证和确认，这主要包括两个方面的内容：仿真过程的验证确认和仿真结果的验证确认。

仿真过程的验证确认是指进行列车气动性能仿真计算分析时按照相关的标准和规范进行，如BS EN 14067、TSI等。

仿真结果的验证确认是指列车气动性能仿真计算结果要与具有权威性的算例和工程试验结果进行比对，如标准算例、标准试验模型的结果等。

4.4 气动性能风洞试验

4.4.1 概述

风洞（wind tunnel），是能人工产生和控制气流，以模拟飞行器或物体周围气体的流动，并可量度气流对物体的作用，以及观察物理现象的一种管道状试验设备，它是进行空气动力试验最常用、最有效的工具。风洞试验是飞行器研制工作中的一个不可缺少的组成部分。它不仅在航空和航天工程的研究和发展中起着重要作用，随着工业空气动力学的发展，在交通运输、房屋建筑、风能利用和环境保护等行业中也得到越来越广泛的应用。风洞试验段的流场品质，如气流速度分布均匀度、平均气流方向偏离风洞轴线的大小、沿风洞轴线方向的压力梯度、截面温度分布的均匀度、气流的湍流度和噪声级等必须符合一定的标准，并定期进行检查测定。风洞主要由洞体、驱动系统和测量控制系统组成，各部分的形式因风洞类型而异。

高速列车气动性能测试用风洞多由航空风洞改造而来，国内列车风洞试验多在绵阳中国空气动力研究与发展中心和同济大学进行，前者主要负责气动力风洞试验，后者负责气动噪声风洞试验，目前也已经具备气动噪声风洞试验能力。

4.4.2 模型加工标准

风洞试验模型的外形加工精度对试验结果有重要影响，测压孔的加工精度也对表面压力测量结果影响重大，根据相关航空模型标准，结合轨道交通行业实际情况，提出以下风洞试验用模型加工标准。

1. 测力列车模型设计的结构要求

① 模型应设计成空心结构。

② 每节列车模型的内部应预留测力天平的安装空间及接口。

③ 测力天平安装位置，包括模型的顶部、底部和两侧都应设计成可拆卸的方式，以便天平的安装及调试。

④ 模型的大风挡、转向架设计成可拆卸结构，并且搭接良好不漏气。

⑤ 每节车模型总质量不大于 200 kg。

2. 测压列车模型设计的技术要求

（1）列车模型测压孔的选择

测压孔的布置一般不采用均匀分布，在压力变化剧烈的地方，测压孔的布置要适当密一些；在压力变化平缓的地方，测压孔的布置要适当稀疏一些。

流线型列车头部，以及在曲面的驻点、曲率变化较大处、可能会产生气流分离处等位置，测压孔的布置要适当密一些。平滑的车体部位可以选取几个断面，每个断面不同高度设测压孔。

（2）列车模型测压孔径的选择

测压孔内径一般选取 0.4～0.8 mm；测压孔孔深 l' 一般取 l'/d 大于 2（d 为测压孔孔径）。

3. 列车模型测压孔及测压管的技术要求

① 测压孔轴线应和模型表面法线相一致，测压孔周围不得有毛刺或凹凸不平现象，孔口无倒角。

② 测压管采用外径 1 mm、内径 0.8 mm 的不锈钢管（或铜管），安装前需对不锈钢管退火处理。

③ 测压管安装固定后要与测压孔及模型外表面平齐，测压管与测压孔之间无间隙，不漏气。

④ 测压管应避免直角拐弯，防止折断、堵塞。

⑤ 测压管接橡胶软管一端应预留适合操作连接的位置，以便连接橡胶软管。

⑥ 测压管的通气性要求：压力传递反应时间小于 2 s。

⑦ 测压管的气密性要求：在达到稳定压力值后，酒精柱下降高度不得超过 1～2 mm/min，并且初读数保持不变。

⑧ 使用压力传感器及旋转阀时，应使阀组尽量安装在模型内，以减少导管长度。

4. 测力、测压、气动噪声列车模型材料的选择

① 模型材料选择原则：一是能够确保模型的强度和刚度；二是要求模型不变形。模型车身的外部材料一般选用优质红松木（也可采用核桃木、楠木）或代木、玻璃钢等，红松木必须经过干燥处理，以确保模型不变形；内部采用钢骨架或铝骨架，以确保模型强度。

② 对于模型上形状结构复杂的较小部件，如转向架、受电弓导流罩、车外电器元件等可采用 ABS 等材质加工。

③ 对于模型上的受电弓等比较纤细的部件，可采用金属材质如钢、铝、不锈钢等焊接而成。

5. 测力、测压、气动噪声列车模型的制造精度

① 列车模型外表面坐标数据加工精度为±0.5 mm。

② 模型高度和宽度换算成实际值时误差均应在±0.02 m 以内。

③ 模型表面粗糙度 Ra 值为 100 μm。

6. 测力、测压、气动噪声列车模型总装的技术要求

（1）模型的总装精度

列车模型组装后，可拆卸部件与固定部件之间要光滑过渡，不能有台阶，高度差不大于 0.5 mm；

整列模型组装，以天平支座为每节车的唯一支撑点，整列模型的直线度，以及与天平连接面的平行度应不大于 1 mm；俯仰角和侧偏角精度保证在±3′之内；

整节列车组装后，通过配重等措施，保证整节车重心在测力天平中心位置。

（2）模型总装后刻线的技术要求

车身水平基准线（模型两侧侧墙中心高度水平线）及纵向对称面中心线（模型车顶纵向中心线）刻线宽度小于 0.2 mm，深度小于 0.2 mm。

（3）模型总装后喷漆的技术要求

模型一般喷硝基外用磁漆，颜色根据试验要求选择；清漆漆层厚度为 0.05～0.10 mm，色漆漆层厚度为 0.08～0.15 mm；喷漆后模型表面光泽度应达到镜面反光。

7. 测力、测压、气动噪声列车模型的强度和刚度设计要求

列车风洞模型设计必须进行刚度和强度校核计算，以确保模型和风洞的运行安全。强度校核计算的安全系数取 3.0，主要校核天平板连接处、模型骨架焊接处、转向架与车底连接部位等。模型刚度主要对悬臂结构等进行考核，以避免试验中过大的振动和变形影响试验的精度。

4.4.3 风洞试验技术

1. 测控设备

（1）测力天平

根据对动车组模型各车厢气动力和力矩的估算，采用了 3 台列车模型试验专用天平（盒式六分量应变天平）TH1004A、TH1004B、TH1004C，分别对动车组模型的头车、中间车和尾车同时进行气动力和力矩的测量，如图 4–4 所示。

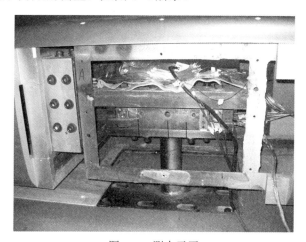

图 4–4 测力天平

（2）测力数据采集系统

试验由 PXI 系统进行动车组模型测力试验数据的采集，角度控制及速压控制分别由相应的工控机系统实现。数据采集环节采用 PXI 总线，16 位 A/D 板，96 个异步通道，最高采样频率 100 kHz，整个系统仪器转换精度 0.01%，设备之间由网络通信传递指令。

（3）测压设备

采用美国 Scanivalve 传感器公司的 DSM3400 电子压力扫描阀系统对动车组模型表面压力进行测量，如图 4–5 所示。共选用了 3 个模块扫描阀（每个扫描阀 128 个测点），其中 2 个传感器量程均为 6 895 Pa，1 个传感器量程为 5 000 Pa，精度均为 0.08%FS。

（4）PIV 系统

本次试验采用二维 PIV 系统。PIV 系统主要由四部分组成：光源、摄像头、同步控制系统、图像采集和速度矢量计算系统。照明激光器作为照明光源，使用两台脉冲激光器经过光束合束器通过一个光路出口并且空间上严格重合地发射出来，经过导光臂和片光源系统，产

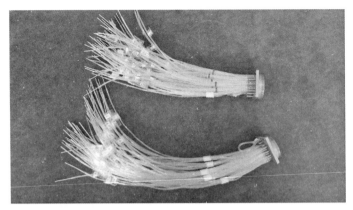

图 4-5　扫描阀

生照明流场的脉冲激光片光源。数字相机通过外部触发捕捉两帧图像，同时将捕捉到的一系列图像数据通过图像采集板实时地传输到计算机内存中。触发信号由同步控制器提供，从而保持与脉冲激光器的完全同步。为了尽量覆盖更大区域的动车组头尾部区域流场，本次 PIV 测量系统采用大视场光路配置方案（CCD 相机分辨率 4 008×2 672 像素，最大视场尺寸约为 800 mm×1 200 mm）。PIV 测试采用乙二醇/丙二醇烟雾作为示踪粒子，由于常温下的乙二醇/丙二醇液体需要加热才能形成烟雾，本试验采用新研制的粒子发生器和粒子播撒排管架。PIV 流场测量试验如图 4-6 所示。

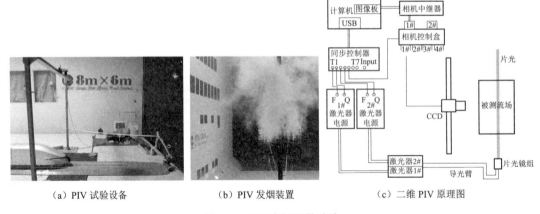

（a）PIV 试验设备　　　　　　（b）PIV 发烟装置　　　　　　（c）二维 PIV 原理图

图 4-6　PIV 流场测量试验

2. 模型安装

列车模型通过连接件与天平连接，天平底部与支架上部连接，支架下部支撑在路基轨道上。支架与模型底部口盖留有约 10 mm 的缝隙。列车模型的侧偏、倾斜、俯仰误差均控制在 3′以内。轨道中间部位固定在转盘之上，两头有滑轮，可以随转盘同步转动。轨道、路基贯穿列车底部，并伸出头、尾各约 2 m，路基平面保持水平。试验采用多天平同时测力方案。测力天平分别牢固地安装在模型内腔，并通过支杆刚性固定在轨道上。

3. 数据采集

测力试验数据由 VXI 系统采集。数据采集按常规方式进行：采样前延时 5 s，采样时间 6～

8 s，采样频率每通道不小于 1 000 Hz。

测压试验数据由电子扫描阀系统采集。数据采集按常规方式进行：采样前延时 20 s，采集时间 10 s，采样数每点大于 500 次。

4. 数据处理

（1）测力数据处理

测力试验数据的处理流程如下：

① 分别对每节车测力，力矩中心位于各节车厢天平的几何中心，测力数据按列车模型体轴系给出，体轴系原点位于各节车天平几何中心，x 轴正向与来流方向平行但相反（气动阻力取 x 轴负向为正），y 轴方向垂直于列车底面向上，z 轴方向按右手定则确定；

② 由于采用腹撑内置天平，支架几乎没有外露且处于车底，故不计支架干扰；

③ 模型横截面积小于 0.25 m²，阻塞度远小于 1%，洞壁干扰可以忽略不计；

④ 模型长度约 10 m，应根据当地静压梯度对各节车进行水平浮力修正。

天平载荷：

按天平证书上的公式计算出 Y_T、X_T、M_{zT}、Z_T、M_{yT}、M_{xT}。

角度修正、重心转换、轴系转换等计算方法如下。

① 角度修正如式（4–15）和式（4–16）：

$$\alpha_m = \alpha_{指示} + \Delta\alpha_{弹} \tag{4–15}$$

$$\beta_m = \beta_{指示} + \Delta\beta_{弹} \tag{4–16}$$

② 重心转换如式（4–17）～（4–22）：

$$Y_{Tm} = Y_T \tag{4–17}$$

$$X_{Tm} = X_T \tag{4–18}$$

$$M_{zTm} = M_{zT} - Y_T \cdot x_0 - X_T \cdot y_0 \tag{4–19}$$

$$Z_{Tm} = Z_T \tag{4–20}$$

$$M_{yTm} = M_{yT} + Z_T \cdot x_0 + X_T \cdot z_0 \tag{4–21}$$

$$M_{xTm} = M_{xT} + Y_T \cdot z_0 - Z_T \cdot y_0 \tag{4–22}$$

x_0、y_0、z_0 为天平中心相对于模型力矩参考点的安装位置，实际取值为 0。

③ 天平轴系转换如式（4–23）～（4–28）：

$$Y_T = Y_{Tm} \cdot \cos\alpha_{安} + X_{Tm} \cdot \cos\beta_{安} \cdot \sin\alpha_{安} + Z_{Tm} \cdot \sin\beta_{安} \cdot \sin\alpha_{安} \tag{4–23}$$

$$X_T = -Y_{Tm} \cdot \sin\alpha_{安} + X_{Tm} \cdot \cos\beta_{安} \cdot \cos\alpha_{安} + Z_{Tm} \cdot \sin\beta_{安} \cdot \cos\alpha_{安} \tag{4–24}$$

$$M_{zT} = M_{zTm} \cdot \cos\beta_{安} + M_{xTm} \cdot \sin\beta_{安} \tag{4–25}$$

$$Z_T = Z_{Tm} \cdot \cos\beta_{安} - X_{Tm} \cdot \sin\beta_{安} \tag{4–26}$$

$$M_{yT} = M_{yTm} \cdot \cos\alpha_{安} - M_{xTm} \cdot \cos\beta_{安} \cdot \sin\alpha_{安} + M_{zTm} \cdot \sin\beta_{安} \cdot \sin\alpha_{安} \tag{4–27}$$

$$M_{xT} = M_{yTm} \cdot \sin\alpha_{安} + M_{xTm} \cdot \cos\beta_{安} \cdot \cos\alpha_{安} - M_{zTm} \cdot \sin\beta_{安} \cdot \cos\alpha_{安} \tag{4–28}$$

④ 转化为气动力系数如式（4–29）～（4–34）：

$$c_{yT} = Y_T / (qS) \tag{4–29}$$

$$c_{xT} = X_T / (qS) \tag{4-30}$$

$$m_{zT} = M_{zT} / (qSB) \tag{4-31}$$

$$c_{zT} = Z_T / (qS) \tag{4-32}$$

$$m_{yT} = M_{yT} / (qSB) \tag{4-33}$$

$$m_{xT} = M_{xT} / (qSB) \tag{4-34}$$

⑤ 水平浮力修正如式（4-35）～（4-37）：

根据各车厢长度 L 范围内的平均轴向静压梯度 $\mathrm{d}\overline{c_p} / \mathrm{d}x$ 计算该节车厢对应的水平浮力修正量为：

$$\Delta c_{xp} = L \cdot \mathrm{d}\overline{c_p} / \mathrm{d}x \tag{4-35}$$

阻力系数和侧力系数的水平浮力修正量分别为：

$$\Delta c_{xT} = \Delta c_{xp} \cdot \cos\alpha_m \cdot \cos\beta_m \tag{4-36}$$

$$\Delta c_{zT} = \Delta c_{xp} \cdot \cos\alpha_m \cdot \sin\beta_m \tag{4-37}$$

⑥ 试验精度计算如式（4-38）：

按 GJB 1061—1991 提供的方法，对重复性试验数据的误差处理按下式计算：

$$\sigma = \sqrt{\frac{\sum_{i=1}^{n}(\overline{x} - x_i)^2}{n-1}} \tag{4-38}$$

式中：n 为某试验角度下的重复次数；x_i 为某试验角度下第 i 次测量的气动力系数；$\overline{x}$ 为某试验角度下重复测量某气动力系数的算术平均值。

（2）测压数据处理

测压试验结果按压力系数形式提供，压力系数计算式：

$$c_{pi} = c_0 - (c_0 - c_{II})\frac{P_i - P_0}{P_{II} - P_0} \tag{4-39}$$

式中：c_0 为参考总压的压力修正系数，标定值为 0.982 0；c_{II} 为参考静压的压力修正系数，标定值为 0.106 6；P_i 为模型表面第 i 点压力；P_0 为试验参考总压；P_{II} 为试验参考静压。

4.4.4 风洞试验内容

1. 测力风洞试验

测力风洞试验进行高速列车模型的气动力测量，一般分为头车、中间车、尾车三车编组，分别测量各节车的气动力、气动力矩；也可以测量车体主要部件的气动力，如受电弓等车顶设备。

2. 测压风洞试验

测压风洞试验主要进行不同工况下的列车表面压力测量，通过布置于模型表面的测压孔、测压管路连接测压阀和压力传感器，从而实现列车表面压力的识别。

3. 表面流场显示试验

列车表面及附近的气流流动通过流场显示方法可以直观地显示流动特点，常用的流场显示方法有丝线试验（a）、油流试验（b）、PIV 试验（c）等，如图 4-7 所示。

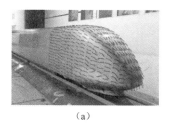
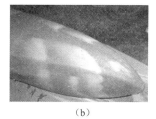

（a）　　　　　　　　　　（b）　　　　　　　　　　（c）

图 4-7　流场显示试验

4. 风洞流场校正试验

试验内容主要包括风洞流场及测量设备的校准和修正，主要有静压梯度测量、动静压测量、附面层测量等。风洞流场校正试验示意如图 4-8 所示。

图 4-8　风洞流场校正试验示意图

4.4.5　风洞试验标准体系

由于受到风洞试验边界条件、风洞流场品质等的影响，同一模型在不同批次、不同地点的风洞试验数据可能会存在一定的差异，为了能够对不同的风洞试验结果进行纵向和横向的评估，需要建立相应的风洞试验标准体系。

目前在其他行业领域，风洞试验标准评价体系均已经比较完善，如航空航天、汽车等领域均给出了进行风洞试验结果评价的标准体系，包括标准试验方法、标准模型、标准数据等。但是在轨道交通领域评价体系还未完全建立，目前多参考相关的国外标准，如 BS EN 14067、TSI 等，需要开展进一步的研究工作。

4.5　气动噪声风洞试验

4.5.1　概述

随着高速列车运行速度的不断提高，高速列车产生的气动噪声也在不断增加，气动噪声强度的增加幅度与车速的六次方成正比。随着人们对环境要求的增加，各国对于噪声控制的要求也在不断提高。因此，研究高速列车产生气动噪声的原因，以达到降低其运行气动噪声的目的是十分有价值的。

目前国内已建成可以用于高速列车模型气动噪声试验的风洞有上海地面交通工具风洞中心和中国空气动力学研究与发展中心。限于资料限制，本教材将仅介绍上海地面交通工具风洞中心。

上海地面交通工具风洞中心的气动声学风洞的噪声控制由具有丰富风洞声学控制经验的德国 FAIST 公司完成。风洞的主体部分包括风机、驻室、4 个拐角、收集口、扩散段，且均进行了声学处理，使得该风洞在风速 160 km/h 时，试验段背景噪声达到 61 dB(A)，是目前世界上同类风洞中最安静的风洞。该风洞的自由声场空间截止频率为 50 Hz，最小自由场尺寸大于 7 m。该风洞试验段尺寸为 27 m×17 m×12 m，喷口面积 27 m²，试验最大风速 250 km/h，试验段沿射流方向有效长度 15 m。

在风洞中进行声学试验，对风洞本身也有一定的要求。风洞从测试段的结构来分，可以分为闭口式风洞和开口式风洞。

闭口式风洞整个测试段都位于流场的范围，因而可用的声学测试技术范围就比较小，只能用一些适用于流场内的测试技术。

开口式风洞在测试段有部分位置处于流场之外，因此可以同时在流场内和流场外进行测量。但开口式风洞还有一个问题，就是测试段驻室的空间有限，如果不进行消声处理，墙面会有很大的声反射，导致一些对环境噪声要求比较高的声学测试技术无法使用。因此风洞声学试验应当在驻室为消声室的声学风洞中进行，才能取得比较好的效果。

高速列车是一种地面交通工具，考虑到地面效应，其喷口一般都是四分之三开口式的，也就是喷口是安置在地面上的，而驻室也是半消声室，地面没有进行消声处理。

综上所述，高速列车风洞声学试验应当在四分之三开口式、驻室为半消声室的声学风洞中进行，才能充分运用各种声学测试技术，取得较好的效果。

高速列车风洞声学试验与一般的风洞声学试验有很大不同，在可用的测试技术上也有很多限制。第一是高速列车实车尺寸很大，在风洞中做试验只能用缩比模型进行，因此无法进行车内噪声测量。第二是风洞试验流场内的气流速度很高，在流场内很多测试设备将产生很强的自噪声，导致测量无法进行。第三是由于用缩比模型试验，根据相似准则，将试验结果推回实际尺寸是将声学信号在频率上除以缩比系数，所以试验时信号的采样率要求比一般的声学测试要高很多。

在上述的限制条件下，可以得出高速列车风洞试验的声学技术需要满足以下共同的条件：有很高的采样频率；在流场内测量，需要能承受较大的气流，满足这些条件的设备有传声器带鼻锥、表面传声器和声强探头等；在流场外测量，需要较远的测试距离，以及一定的防风能力，满足这些条件的设备有普通传声器带防风球、声学聚焦镜和传声器阵列等。

4.5.2 试验技术的基本原理及方法

1. 声学试验测量原理

① 流场外传声器测量原理如图 4-9 所示。

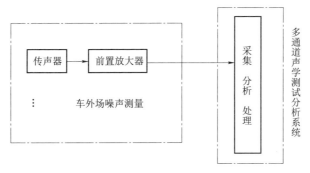

图 4-9 传声器测量原理框图

② 传声器阵列噪声源识别测量及计算原理如图 4-10、图 4-11 所示。

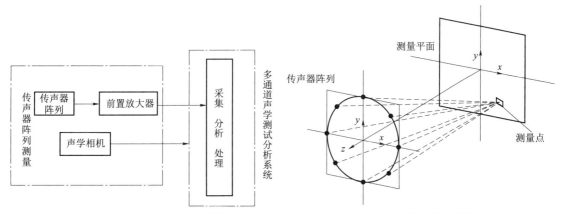

图 4-10 传声器阵列测量原理框图　　　　图 4-11 传声器阵列计算原理示意图

通过阵列上各个传声器对目标测量点的信号传播时间进行配置，再把所有传声器采集的声压信号按新的时间配置相加取平均，得到被测点的声波函数。不同的目标测试点有不同的延时设置，通过改变延时设置，得出其他点的声波函数，通过计算得到测量平面上的噪声大小分布。

2. 传感器特点

表面传声器是普通传声器的改进型号，将电容传声器和前置放大器整合在一起，如图 4-12 所示。其尺寸非常的小，厚度不超过 2 mm，可以带上导流片在气流中进行测试。

图 4-12 表面传声器

原理：通过先进的制造工艺和电子元器件微型化，将电容传声器的体积极小化。

优点：可以在流场内对气动噪声直接进行测试。

缺点：单个传声器价格较贵，在高速气流中测试时容易损坏；在流场内测得的信号仍然有较强的自噪声干扰。

表面传声器在高速列车风洞试验中使用也有如下几个关键问题：

第一是表面传声器能适应的最大风速是否能达到高速列车试验风速。高速列车风洞试验风速较高，如使用不当不仅无法获得准确的数据，还会对传声器本身造成破坏性损伤。（如GRAS40PS 型号表面传声器能承受的最大风速为 500 km/h，最大动态范围为 136 dB）

第二是表面传声器虽然很薄，但还是有 2 mm 的厚度，这样的厚度对于缩比模型是比较大的凸起。例如对于 1:8 的高速列车模型，该表面传声器相当于实车 16 mm 的凸起。对表面传声器处凸起应当尽量地消除，以保证试验模型与实车几何相似。在油泥模型上使用表面传声器时，可以将表面传声器嵌入油泥模型之中，这样对模型的几何形状就不会有影响。但是高速列车模型一般都不是油泥模型，而是代木之类的硬质材料，将表面传声器嵌入模型表面有一定难度，必须在模型表面加工出合适的凹槽放入表面传声器后用合适的胶或油泥固定，如图 4-13 所示。

3. 用于流场外的试验技术

在开口式的风洞中，流场外的流速很小，与一般的消声室环境差别不大，可以直接使用各种测量设备。但是由于离被测目标比较远，只能用远场测试技术，而近场声全息这样的测试技术是无法使用的。

（1）传声器带防风球

开口式风洞流场之外也会有一定的不稳定气流，因此在传声器之外加上防风球是很有必要的。在流场外使用传声器测量，由于没有自噪声的影响可以准确测得被测目标向流场外某点的噪声的量值和频谱。

为了测量列车模型前后不同位置如车头、车厢、车尾处向外辐射的噪声，可以在流场外与列车模型平行的一条线上布置多个传声器，以分辨不同之处的噪声情况，如图 4-14 所示。

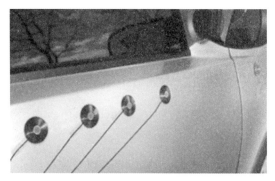
图 4-13　表面传声器的应用

图 4-14　传声器带防风球在风洞中的测量

（2）传声器阵列

传声器阵列将若干个传声器组合在一起形成一个阵列，通过一定的算法计算传声器阵列测量范围内的噪声源，如图 4-15 所示。

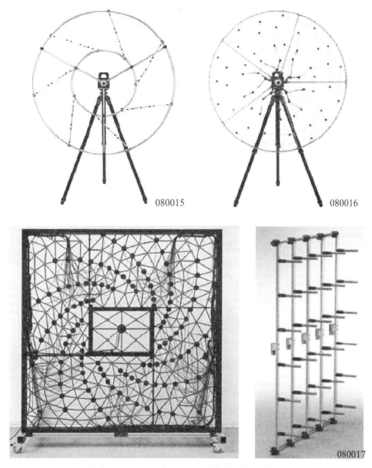

图 4-15　几种不同形式的传声器阵列

传声器阵列根据其算法原理分为近场声全息、远场声全息（相位传声器阵列）。

原理：传声器阵列都是将阵列中传声器获得的信号进行处理，获得空间内声信号的信息，传声器越多，则获得的声信号的信息越多，测量的精度也更大。

优点：传声器阵列每次测量获得的数据量大，对单个测量目标不需要进行扫描测量，单次测量所需的时间很短。大多数商业传声器阵列厂家提供的产品都具有实时观测声场分布的功能。

缺点：通道数多导致价格昂贵，并且对数据处理的计算机要求高，计算花费大量的时间。

4.6　动模型试验

4.6.1　试验概述

动模型试验是用模型列车高速运行的方法改变其周围流场而完成的空气动力试验，它区

别于风洞试验（模型列车被固定，用风吹的方法改变其周围而完成的空气动力试验），又与风洞试验互为补充。

目前世界上同类型的动模型试验装置包括中南大学的橡皮弹射动模型试验系统、中国科学院力学研究所的空气炮弹射动模型试验装置和英国的动模型试验装置。其中中南大学的模型比例为1:8～1:30，中科院力学所的模型比例为1:8，英国的模型比例为1:25。

限于资料，本教材将仅介绍中南大学的动模型试验系统。中南大学动模型试验台可以进行最高速度达到450 km/h、多种工况的空气动力学试验。试验内容主要包括明线运行气动阻力测试、明线交会、隧道通过、隧道交会车体表面及隧道壁面压力波动测试、隧道口微气压波测试等。

4.6.2　试验系统组成及功能

动模型试验系统由试验台、动力系统、加速系统、控制系统、测试系统、制动系统、数据处理系统和试验模型构成。

1. 试验台

试验台分上下两层，上层为动模型列车运行试验线，下层为动力传递小车运行轨道。试验线为复线，铺设在轨道基础中部。试验线全长164 m，分为三段：发射段、试验段和减速段。在试验段上可安装各类隧道模型，用于列车交会和列车过隧道试验。试验用模型列车由2～8节车组成，缩比为1:16～1:30，以适应不同线间距试验的需要。在整个试验段的轨道中间布置有黑白相间的反射条，通过在动模型车尾部安装的反射式光纤光电传感器及探头，车载数据采集系统可记录动模型车运行时探头与反射条之间的光电发射信号，可据此得到动模型车的速度。

2. 加速系统

为了实现动模型列车的高速度，中南大学自主研制了二级动滑轮增速机构的加速系统，能使模型列车从静止加速到220 km/h（模型车重30 kg）或300 km/h（模型车重15 kg）。

3. 控制系统

控制系统能可靠地控制动模型试验的整个运动过程，即控制弹射力加载（通过对弹射力进行检测，返回信号到控制系统）、安全预警、单端发射、单端车载系统与地面系统同步采样、双端同步发射、两交会列车的车载系统和地面系统同步采样等，以确保在试验时获得时间和空间上一致的试验数据。可控最大弹射力24 kN，可控弹射速度0～350 km/h。

4. 测试系统

测试系统由车载测试系统和地面测试系统两部分组成。两个独立的子系统在控制系统的同步控制信号作用下协调工作，完成试验过程各参量的动态测量、数据采集及预处理。

车载测试系统：用于实时测量、采集、存储、传输列车交会空气压力波、列车表面压力分布、模型列车运行速度等有关信息。由固化在一起的软件和硬件组成，软件包括实时采集、预处理、联机通信与调试软件，硬件包括数据采集主板、传感器和适配器、串行通信接口。

地面测试系统：用于实时测量试验段出入口的模型列车运行速度、列车过隧道时隧道内的空气压力变化及环境参数等，包括瞬态压力传感器、低通滤波放大器、数据采集与分析系统。

数据处理系统软件：对从车载测试系统中通过串行口传输到 PC 机的数据进行后处理，得到标准格式的试验结果（图形曲线或数据）。软件包括数据串行通信模块、数据滤波模块、数据波形显示模块、数据输出模块。

5. 制动系统

由于动模型列车内装有车载测试系统，若用电磁制动或涡流制动，为防止制动系统对车载测试系统产生电磁干扰，需要采取有效的抗干扰措施，但这样做将大大增加车载系统的质量，并且使测控系统变得极为复杂，因此，动模型试验装置采用机械制动方式。模型车在整个制动段的平均冲击力很大，如果制动措施不当，冲击力将急剧增加。为避免制动时动模型列车冲击力和减速度过大，损坏车载测试系统和动模型列车，在试验线制动段采用分级逐步减速停车，通过摩擦制动、活塞制动及其后的制动盘制动，使高速运行的模型列车能在 0.5 s 内从 300 km/h 减速到最终停车。另外，为防止一旦制动系统失效，发生动模型列车冲出试验线的事件，还设置了制动保险箱。

4.6.3 动模型试验系统基本原理

列车气动特性动模型试验根据流动相似原理，将列车、隧道和线路等物体按几何相似制作成缩比模型，通过弹射使模型列车在模型线路上无动力高速运行，模拟两交会列车、列车与地面、列车与周围环境之间的相对运动，真实再现高速列车交会、过隧道、列车风等空气三维非定常可压缩流动过程，获得具有相对运动的列车空气动力特性。

动模型弹射试验基本原理（图 4–16）为：在模拟线路端部拉动牵引小车及其相连的动模型列车向后运动，控制系统控制牵引小车所受拉力大小（通过拉力可近似估算模型列车的运行速度），同时，带动试验台下层的动力传递小车也向后运动，使绳逐渐张紧。当拉力达到规定值时，控制系统使拉力停止，模型列车处于待发射状态，牵引小车脱钩装置的控制电磁阀动作，松开脱钩装置，弹射装置回弹带动牵引动力传递小车和动模型列车运动。动模型列

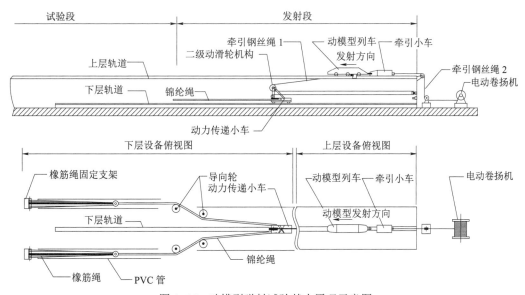

图 4–16 动模型弹射试验基本原理示意图

车行驶至试验段入口处，与动力传递小车自动分离，动模型列车被弹出，依靠惯性沿轨道无动力高速运行。

4.6.4 列车气动特性试验用模型

1. 动模型列车设计基本要求

动模型列车是试验的对象，满足试验要求的模型列车设计与加工是获得精确试验数据的前提。通常，动模型列车设计需满足如下基本要求：

① 模型与实物外形几何相似；

② 有足够的强度、刚度，应尽可能轻；

③ 车体表面与车架底部表面密封性好；

④ 结构简单，拆装方便；

⑤ 应能保证安全、平稳、高速运行；

⑥ 便于脱钩、制动与车载测试设备的安装；

⑦ 具有合适的加工精度和表面粗糙度。

2. 模型缩比的确定

动模型试验台由线间距固定的两条轨道组成，按线间距 5 m、模型缩比 1:20 设计。通过改变模型缩比，可模拟其他线间距下列车交会情况。根据试验要求，可以模拟需要的线间距。比如要模拟线间距为 4.4 m 列车交会情况，其模型缩比具体计算式如式（4-40）所示：

$$k = \frac{k_0}{D_0} \times D = \frac{20}{5.0} \times 4.4 = 17.6 \qquad (4-40)$$

式中：k_0、D_0 分别为设计模型缩比和线间距，k、D 分别为试验模型缩比和线间距。

4.7 空气动力学实车线路试验

4.7.1 试验概述

列车空气动力学实车线路试验是在实际线路上对实际运行列车进行空气动力学特性测试的试验。实车试验能反映实际列车在线路上运行的情况，获得真实环境下列车空气动力特性规律，是研究和评价列车空气动力性能的重要手段之一。

列车空气动力学特性实车试验包括瞬态和稳态两类试验。

列车空气动力特性瞬态试验为非定常试验，包括列车交会、列车通过隧道、列车安全退避距离和强侧风作用下的列车空气动力特性试验，需要实时测定如下内容：

① 列车交会时，列车外表面空气压力波动，列车内部空气压力变化；

② 列车通过隧道时，车内外和隧道内壁面的瞬态空气压力变化、隧道口微气压波、隧道内列车风、隧道壁面加速度等；

③ 列车安全退避距离试验时，列车风的速度及压力变化、列车风作用下人体模型承受的气动力、人体模型在列车风中受到的瞬态压力冲击；

④ 强侧风作用时，列车风和环境风耦合下的列车表面空气压力分布，挡风墙、桥梁、建筑物压力分布和环境风速等。

其中，列车交会时列车外表面空气压力波、列车内部压力变化、列车通过隧道时列车表面和列车内部压力变化和隧道内壁面的瞬态压力变化、隧道口微气压波、环境风下的列车表面空气压力等均采用瞬态压力测试系统完成试验，隧道口微气压波也可以用声压计测试。

4.7.2　试验原理及方法

1. 动态压力变化测试

整个测试系统由压力传感器、imc 集成测控数采系统、GPS 及计算机组成。

工作方式：各传感器将测得的压力信息经 imc 集成测控数采系统放大、AD/DA 转换后记录在计算机中进行处理，GPS 用于确定标准时间。除压力传感器外，测试系统的其他装置全部放于列车内进行数据采集和处理。系统组成如图 4-17 所示。

2. 列车风测试

利用热线风速仪测定列车风中某些点速度随时间的变化情况。

风速测量座用来固定热线风速仪探头。如图 4-18 所示，测量座在人体重心高度（0.56 H= 1 m）位置布置两个互相垂直的热线风速仪探头，分别测量该位置列车风两个垂直分量上的风速。

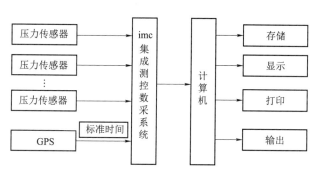

图 4-17　动态压力测试系统组成

图 4-18　风速测量座

列车风是一种瞬态流动，当列车高速通过时，处于列车风影响范围内的人员会感受到突然的压力冲击。因此，测定列车风对人体造成的这种压力冲击也是制定人体安全退避距离所要考虑的因素之一。

3. 列车风作用下人体模型承受的气动力测试

在人体模型内部安装测力天平，测量人体模型受到的气动力与列车运行速度及列车侧向距离之间的关系。试验在道旁的地面上进行。

人体模型空气动力测试系统主要由人体模型、测力天平、信号放大器、数据采集仪和数据处理系统组成，如图 4-19 所示。将天平安装在支架上，人体模型固定在天平上，既不与支架接触，也不与地面接触，处于悬空状态。测量时，将人体模型置于线路侧，当列车通过时，

人体模型受到的气动载荷作用在测力天平上，通过数据采集仪和数据处理系统就可以得到人体模型在列车风作用下的气动力，如图 4-20 所示。

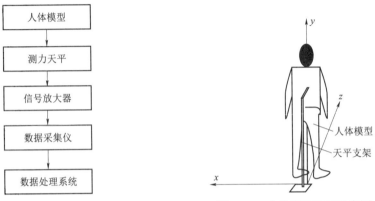

图 4-19　测试系统组成　　　　　　图 4-20　人体模型安装示意图

人体模型采用 1:1 的全尺寸模型。人体受到的气动力与人体特征尺寸有关，正常体型下，人体越高，受力越大，需要根据《中国成年人人体尺寸》（GB 10000—1988），确定选用的人体模型尺寸。为检验线路维修人员在应急状态（如列车驶近时）的安全特性，需要设置人体下蹲模型，以测量人体下蹲情况下所受的气动力。人体模型的着装和摆放角度均应从所受气动力最大情况来考虑。

4. 压力传感器的选择

压力传感器是工业实践中最为常用的一种传感器，通常使用的压力传感器主要是利用压电效应制造的，这样的传感器也称为压电传感器。在实际选择传感器的时候，应根据具体的使用场合、条件和要求，选择较为适用的传感器，做到经济、合理。空气动力学实车线路试验中需要关注各种运行工况下气压的变化，传感器的选择应以测量精度高、安装方便、灵敏度高、对流场影响小、稳定可靠为原则。

目前在实车线路试验中使用的压力传感器主要有 ENDEVCO 公司生产的 8515C-15。该传感器体积小，直径 6.35 mm，厚度只有 0.76 mm。因其很薄，对流场影响小；灵敏度高，全刻度范围为 1 bar，频率响应高。该传感器的安装也很方便，可以用双面胶布直接贴附于列车表面，周围用胶带加固，传感器的外形参数如图 4-21 所示。

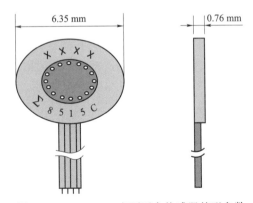

图 4-21　8515C-15 表面压力传感器外形参数

8515C–15 的主要技术参数如下所示：

满量程输出（mV）：200；

满量程压力值（psi）：15；

灵敏度（mV/psi）：13.3；

非线性度（%FSO）：0.5；

最低温度（℃）：–54；

重量（g）：0.08。

4.7.3　试验评价方法和标准

1. 压力波动评价方法

（1）车内压力波动评价方法

车内气压主要通过以下两个方面进行评价：

① 气压变化量。

气压变化量即列车在运行过程中，车内气压变化的最大值与最小值之差。

② 气压变化率。

气压变化率即列车运行过程中，任意时间之内车内气压的最大值与最小值之差，时间段的选择可选 1 s、3 s、4 s 等。

（2）车外气压评价方法

由于车外气压变化比较大，尤其是列车通过隧道（会车）时气压变化量非常大，车外气压评价方法主要是通过气压变化量进行。

评价标准根据《高速电动车组整车试验规范》要求，主要如下。

① 车体承受的气动载荷。

运营速度等级 200～350 km/h 的动车组，按最大车内外压差 4 000 Pa 考核；运营速度等级高于 350 km/h 的动车组，按最大车内外压差 6 000 Pa 考核。

② 人体舒适性。

车内空气压力变化≤200 Pa/1 s 为优，≤800 Pa/3 s 为良，≤1 250 Pa/3 s 为合格，＞1 250 Pa/3 s 为不合格。

2. 判别人体安全性方法和标准

目前判别人体安全性的标准有风速标准和气动力标准两种。日本以平均风速 9 m/s 作为确定站台安全距离的危险标准；英国也采用风速判据，以平均风速 11 m/s 确定站台安全距离，以 17 m/s 确定作业安全距离（有扶手等类似设施条件下）；法国和德国采用气动力判据。我国研究工作者参考国外标准采用类比法提出了人体允许承受的气动力值和风速值（建议值）：对站台而言，人体允许承受的最大气动力值为 100 N；对线路作业而言，人体允许承受的最大气动力值为 130 N；站台旅客和线路作业人员允许承受的列车风风速为 14 m/s。《时速 200 公里新建铁路线桥隧站设计暂行规定》中提出了新建线路有列车通过的站台人体安全退避距离为距站台边缘 2 m，线路作业人员安全距离为距轨侧 3 m。

第5章

被 动 安 全

5.1 概　　述

被动安全设计技术是以保护乘员安全为目标，依据碰撞标准要求对车体端部吸能元件、防爬装置、车钩缓冲装置及整车刚度进行合理设计，并通过数值优化计算、结构件静动态试验和整车试验验证等手段对列车耐碰撞性能进行提升的一种设计技术。被动安全设计技术研究开展需结合国内高等院校的研究成果，利用调研、设计、仿真和静动态冲击试验等手段，完成满足不同被动安全要求的车体设计和验证工作。

国际上，为了减少汽车碰撞事故造成的生命和财产损失，被动安全技术最早应用于汽车行业，20 世纪 60 年代才被引入到轨道交通领域。不过，对机车车辆碰撞的真正深入研究始于 20 世纪 80 年代中后期，从此，英、法、德、美等发达国家相继对列车碰撞进行了大规模、长时间的研究。

近 20 年来，欧洲铁路系统一直不断地进行着列车被动安全防护技术的研究，英国、德国、法国、奥地利、比利时等国通过对列车碰撞事故的广泛调查和统计，并对频繁出现的典型列车事故类型进行还原研究，率先出台了轨道车辆被动安全防护的技术规范和应用标准，此后，又将此技术在高速列车和城市轨道车辆设计中进行了推广。

1990 年至 2007 年，由欧盟资助的 TRAINCOL、SAFETRAIN、SAFETRAM 及 SAFE INTERIORS 等项目从耐撞的设计工具、干线铁路列车被动安全的设计方法、有轨电车的被动安全性设计方法和列车内部设备的被动安全性等多个方面进行了深入细致的研究，并于 2007 年形成了 EN 15227：2007 版本，图 5-1 是研究过程。

SAFETRAM 项目针对地铁车辆、轻轨车辆及有轨电车的耐碰撞性进行研究，在分析统计碰撞事故的基础上，确定了典型的碰撞条件，并对城市有轨电车的铝合金司机室和市郊车结构钢司机室进行了耐撞性设计。为了得到不同情形下的碰撞性能和结构优化后的压溃特性，并节省计算机机时，采用多体动力学与有限元结合的方法对城市有轨电车和市郊列车的整体纵向动力学性能进行了仿真研究。为了验证仿真计算结果，在波兰 Zmigrod 试验中心对司机室模块进行了实物碰撞试验。

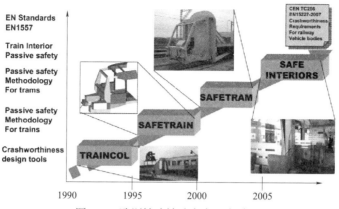

图 5-1　欧洲铁路被动安全研究过程

　　法国的铁路研究机构通过数值仿真方法对车辆碰撞进行模拟，参考车辆耐碰撞性结构设计理念，将非动力车两端结构设计为弱刚度的可大变形的吸能区，并采用高性能计算机对某 TGV 列车车辆结构进行了耐撞性优化。1993 年，法国的阿尔斯通铁路集团把列车耐碰撞性设计思想应用于"欧洲某夜间列车"项目，提供了高于英国铁道组织标准要求的列车。

　　德国汉诺威大学与西门子公司合作对城市轻轨车辆结构的耐撞性能进行过研究，研发了多种铁道车辆的被动安全技术解决方案，并对碰撞能量吸收区与车体结构分别制造、集成，采用易于更换的能量吸收模块化设计等不同方案进行论述。德国已在城市轻轨车辆、ICE 第三代列车上全面采用了耐冲击车体结构技术。

　　除了欧洲各国铁路机构相继开展了大量的列车耐撞性研究外，美国、日本也进行了大量的研究工作。

　　20 世纪 90 年代，美国联邦铁路局（FRA）进行了大量列车碰撞研究，早在 1997 年美国就建立了有关列车碰撞的安全规范。从 1999 年 11 月开始，在科罗拉多的美国交通运输技术中心开展了多次整车碰撞试验，重点研究了单节车辆与刚性墙、机车与机车、机车与车辆、车辆与车辆、列车与列车的碰撞，以及列车发生碰撞后乘客的二次碰撞特性，对比分析了无安全带和有安全带时乘客与车内设备二次碰撞损伤情况，研究表明有腰部和肩部安全带束缚的情况下，乘客的安全系数会明显提高，所以建议在列车座椅上加装安全带。图 5-2 为实车碰撞试验模拟的情形，图 5-3 为乘客二次碰撞的仿真研究。

图 5-2　美国联邦铁路局实车碰撞试验

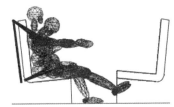

（a）无安全带　　　　　　　　　（b）有腰部安全带　　　　　　（c）有腰部和肩部安全带

图 5-3　美国联邦铁路局研究安全带对乘员二次碰撞的影响

日本川崎重工已交付美国纽约地铁使用的 R142 型地铁列车，为满足美国标准提出的车体结构吸收撞击能量的要求，在科罗拉多州普韦布洛市进行了单台整车的碰撞试验。

我国在列车被动安全防护技术方面的研究起步比较晚。直到 20 世纪 90 年代初，我国在这一领域还是一片空白，虽然碰撞事故时有发生，但由于基础技术的薄弱，以及相关经验的匮乏并没有引起足够的重视。20 世纪 90 年代开始，随着我国铁路事业的发展，以及国际交流合作的常态化，我国铁路行业的各科研院所和机车车辆制造工厂才开始着手这方面的研究工作。

由于实车试验费财费力，而且可重复性差，随着计算机仿真技术的不断发展，国内研究人员大多致力于对车辆碰撞大变形的模拟仿真工作，欠缺对机车车辆碰撞的试验研究。中南大学高速列车研究中心是我国较早开展列车耐撞性结构研究的单位之一，1996 年至今该单位已建立了一套耐碰撞吸能机车车辆车体设计、计算方法，可以进行两列车在不同运行速度时的正面及追尾碰撞、车辆和可移动的可变形或刚性障碍物碰撞的仿真分析。通过模拟可得到被研究列车中通过塑性大变形来吸收碰撞能量的车辆位置、各车辆的变形程度、各碰撞界面的撞击力及加速度、速度撞击界面力等的时间历程，以及部件及整车的吸能情况等一系列参数。此外，还自主研制了装有大量程撞击力测量传感器的部件碰撞试验装备，其撞击试验线长 170 m，试验线轨距 0.9 m，撞击台车最大载重 2 250 kg，撞击试验速度 70 km/h（最高设计速度 120 km/h），撞击加速度量程 500 g，撞击力量程 60 t×24。该装备可以实时检测碰撞过程中的碰撞力变化，并对多种承载吸能装置、附加式吸能装置进行了试验研究。田红旗教授等在对吸能装置开展试验和仿真研究的同时，提出了耐撞性客车设计方法，并对提速客车的耐撞性进行了数值模拟，为出口伊朗的客车设计了附加式吸能装置，取得良好的效果。

中国科技大学对 CRH_2 型动车组进行建模，完成了头车和中间车的建模，其中对头车的建模包括底架、侧墙、端墙、车顶、流线型车头、转向架、排障吸能装置，并从正碰、侧碰、与路障碰撞等工况进行了仿真模拟分析。利用落锤原理，进行了一些吸能元件的试验研究和仿真分析。

铁道科学研究院刘金朝、王成国等人利用有限元软件 ABAQUS 分析了钢和铝合金薄壁圆柱在轴向冲击力作用下的动力学响应，研究了车辆与固定刚性墙、车辆与变形体、单节车与单节车、两节车体与两节车体的正面碰撞，以及车体与刚性墙斜撞后的脱轨现象。

西南交通大学曾对地铁车辆、高速动车组等端部吸能装置进行了大量仿真研究，结合理论研究，采用非线性有限元分析软件 LS-DYNA 对列车碰撞行为进行仿真分析，对耐撞性吸能装置进行试验研究，先后完成了上海地铁 10 号、13 号线、深圳地铁 4 号线、南京地铁 3

号线、无锡地铁 1 号线、宁波地铁 1 号线、出口孟买地铁列车、突尼斯内燃动车组、CRH$_3$ 高速动车组原型车、符合欧标的高速动车组、出口沙特电力动车组等各型列车的耐撞性结构设计与分析。

5.2 标准对比分析

目前世界上制定了详细的关于列车耐撞性标准的国家不是很多，且各个国家制定的标准是基于本国车辆结构的，主要有以下几个国家和地区制定了详细的机车车辆耐撞性标准。

① 英国：《铁路车辆的结构要求》（GM/RT 2100）主要规定生产并在英国运营的铁道车辆的耐撞性要求，2000 年 10 月颁布。

② 欧盟：《轨道车辆车体的耐撞性要求》（EN 15227），2007 年 12 月 12 日颁布；《轨道车辆车体的结构要求》（EN 12663），2000 年 1 月 14 日颁布；任何新造的、设计速度在 200 km/h 及以上的铁道车辆必须强制执行《高速互换性技术规定》——TSI，2008 年 2 月 21 日颁布。

③ 美国：共有四个标准：

美国 FRA（联邦铁路局）把车辆安全标准列入了联邦条例中（CFR），在联邦条例 49 条款中 200～299 部分就详细说明了轨道车辆安全性的最低标准——CFR49，1999 年 5 月 12 日颁布；

美国铁路联盟（AAR）制定了机车的最小结构要求标准《机车耐撞性要求》（S580），1989 年颁布，1994 年修订；

美国公共铁路运输联盟（APTA）也制定了一个关于客车安全性的标准《铁路全体客车建造和设计标准》（APTA SS–C&S–034–99），1999 年 7 月 1 日颁布；

美国铁路安全咨询委员会发布了 DRAFT RSAC REPORT 9–16–10，是速度在 0～200 km/h 范围的铁路客车设备的耐撞性能和乘员保护性能评估的技术标准和规程，2010 年 9 月 16 日颁布。

以上各个标准在最近的十几年里，随着研究的不断创新和深入，都是在不断更新和改进的。

以下对国外几个主要的列车耐撞性标准进行对比分析，并对其中一些关键项目的制定依据进行相关分析。

5.2.1 各国标准的适用范围

上述每个国外被动安全标准都有不同的适用范围，也代表了该标准所限制的对象，在适用范围内的车辆均应该符合对应标准中所规定的耐撞性要求。

（1）英国标准 GM/RT 2100 的适用范围，可以应用于牵引机车、车辆，还有轨道上的机器，包括了所有运行速度超过 200 km/h 的列车和所有在 2002 年 7 月 10 日之后制造满足设计要求的车辆。但这个标准对轨道安装和维修机械，还有公路—铁路两用汽车不适用，且不适用于在国际标准下注册的车辆。

（2）欧洲 EN 15227 标准的适用范围很广，基本上涵盖了所有的客车设备类型，如表 5-1 中规定的四种车辆类型。此标准并没有对车辆的最高运行速度做出限制。通过保证车辆结构的完整性来保护乘客安全，但不能保证附近的铁路工作人员和不在车上的其他乘客等的安全。显然，运行条件是同时针对列车中的耐撞车辆和非耐撞车辆，但对这两种车辆混编的铁路列车，欧洲标准并没有强制性要求。

表 5-1　铁路车辆耐撞性设计分类

类型	定　义	车辆类型
C-I	在 TEN 线路，国际联运或者是地区间线路上运行的车辆（含有平交道口）	机车，客运列车，固定车组
C-II	仅在专用的线路上运行的城市列车，与其他的公路交通没有交叉的线路	地铁车辆
C-III	城市或者是地区间的轻轨线路，与公路交通有一定交叉	有轨电车，城市周边运行的电车
C-IV	在城市专用线路上运行的轻轨车辆，与公路交通有一定的交叉	有轨电车

（3）美国的 CFR 49 标准，根据运行速度的不同，把适用范围也分为了两级。第一级的标准适用于运行速度不超过 200 km/h 的铁路客运设备。第二级标准适用于运行速度超过 200 km/h 但不超过 240 km/h 的铁路客运设备，以及在 1999 年 9 月 9 日后开始使用的车辆。这个标准不适用于在以下几种线路上运行的客运设备：

① 没有公共的公路铁路交叉道；

② 任何时候都不会发生货运作业；

③ 只能利用兼容设计的乘客设备；

④ 列车以不超过 128 km/h 的速度运行。

（4）高速 TSI 标准同样适用于客运车辆和非客运车辆，包括有自行推进的热能或者电力列车；热能或者电力牵引单元；客车；货车，包括了运载汽车的车辆；还包括可移动的铁路基础设施建设和维修设备。上述铁路车辆的最高车速必须至少为 190 km/h。但是，如果铁路车辆的最高车速高于 351 km/h，则本 TSI 依然适用，但同时必须应用其他规范。若这些其他规范未在本 TSI 中详细规定，这种情况下应采用国家规范。

从上面各标准的适用范围来看，英国标准适用于最高运行速度在 200 km/h 以上的所有车辆；欧洲标准则主要针对各种类型的客车，但没有速度上的要求；美国标准分为两级，最高运行速度范围从 128～240 km/h，还是针对客车提出的。但是美国标准还考虑到了运行线路的因素，对发生列车碰撞事故可能性较高的线路类型，提出几点要求，如要有公路和铁路交叉，要有货车作业等。美国公路网十分发达，经常和铁路有交叉，平交道口多，且大部分客运和货运并不分离，这导致客车在平交道口发生碰撞事故和与货车发生碰撞事故的概率高。高速 TSI 基本上涵盖了铁路上所有的车辆类型，机车、客车、货车、铁路建设和维修设备等，规定车辆的最高运行速度在 190 km/h 以上。

5.2.2　国外碰撞标准对比分析

1. 静态纵向载荷要求

为了提高车辆在碰撞中的承载能力，对于车辆端部的一些关键位置的强度需要给出规定，例如车钩、底架等，并保证车体的载人区能够承受住一定程度的碰撞冲击，减少碰撞过程中载人区的乘员救生空间丧失和乘员的伤亡。

从动车组的静强度方面分析，对于我国动车组的设计强度应满足《200 km/h 及以上速度级铁道车辆强度设计及试验鉴定暂行规定》，以下简称暂规。该暂规明确规定了我国动车组的设计强度，与各国标准的静态纵向载荷值的对比如表 5–2 所示。

表 5–2　我国动车组静强度与各国的对比

项目	作用点	暂规	EN 12663	GM/RT 2100	CFR 49–238
钩缓区域的纵向力	车钩区压缩力	1 500 kN（动力集中式） 1 000 kN（动力分散式）	1 500 kN	1 500 kN	3 450 kN
	车钩区拉伸力	1 000 kN	1 000 kN	1 000 kN	—
作用于端墙区域的压缩力	底架上方 150 mm（或者车钩上方 350 mm）处的压缩力	—	400 kN	400 kN	445 kN
	窗梁高度压缩力	300 kN	300 kN	300 kN	1 300 kN
	上侧梁高度压缩力	300 kN	300 kN	300 kN	356 kN

从表中可以看出，我国暂规中对压缩力的规定值，大体与英国和欧洲的强度标准一致，说明我国动车组与欧洲车辆的强度相差不大。整体上看，我国动车组的纵向载荷要求可以参考英国和欧洲标准中的规定值，另外对于车体载人区的纵向载荷，可以借鉴英国标准的规定。

2. 爬车防护

欧盟和英国的标准规定了作用在防爬器上的极限载荷，主要是为了限制碰撞车辆间的相对位移。TSI 标准没有规定防爬装置的极限强度，而只是定性地提出要安装防爬装置。在垂向极限载荷的规定上，欧盟给定出一个范围：从车辆满载时的一半重量到 150 kN。而英国标准则统一规定为 100 kN，不考虑车辆的重量。美国的爬车防护规定的极限强度则非常高，中间端约为欧盟最高标准的 3 倍（约 450 kN），机车端则约为欧盟最高标准的 6 倍（约 890 kN）。这是由于美国爬车保护的规定，防爬器在碰撞过程中，防爬齿在垂向方面能承受车体一半的重量，确保在碰撞过程中两车前端的防爬机构能够保持互锁，从而防止爬车。美国机车车辆的质量很大，因此要求的防爬垂向载荷也较大。

另外，英国标准还规定了防爬器在承受垂向极限载荷的同时，还应能承受 100 kN 的横向载荷，这在其他的标准中是没有规定的，主要是考虑限制车辆的横向位移。欧洲国家的现代防爬器的设计形式，通常是带水平沟槽的平板设计，当两个相对的防爬器的沟槽相互接触时，就达到一个互锁的效果，从而限制了垂向载荷。但是这样的设计对横向载荷的限制很有限，所以对列车碰撞中防止脱轨只能起到很小的帮助。

欧盟方面因为意识到大量人员伤亡是由于爬车引起的，所以对防爬器考虑得比较全面，除了结构上的垂向载荷规定外，还规定了防爬器在初始垂向偏差 40 mm 内，应能够正常工作。这个偏差的规定考虑到了碰撞车辆间各个车轮的损耗不同，以及车辆动态的点头运动等。另外欧盟还规定了在速度 60 km/h 的两相似车辆的对撞过程中，必须始终保证每个转向架中有一个轮对在轨道上。欧洲还有一些现代新型的车辆，已经采用了圆锥杯状的防爬器，这种设计形式，在垂向和横向存在偏差的情况下，能够自动校准，从而能抵抗爬车和脱轨。

所有的标准中关于防爬这方面，都没有规定防爬器设计形式和在头车和拖车端部的位置

分布。因为不同车辆上并没有一个通用的防爬器设计形式，安装位置也不相同，所以防爬器的作用效果只能体现在两相同车辆的碰撞中。

3. 碰撞吸能要求

所有的碰撞能量吸收研究都表明碰撞能量吸收的管理应该是有序分散在动车组的各个位置车辆的端部吸能区，这样的能量吸收方式对车组保持竖直、成一直线都是有利的。因此碰撞能量的吸收在碰撞过程中对乘员的保护作用是非常大的，既能通过自身的变形来吸收碰撞能量，同时也能减小车体受到的冲击载荷，从而减小乘员受到的减速度。

英国有三种可供选择的碰撞能量吸收要求：

① 每节车辆的端部在压溃不超过 1 m 的情况下，应吸收 1 MJ 的碰撞能量，撞击力峰值不能超过 4 000 kN，最好不超过 3 000 kN。对于动车组，撞击力峰值不超过 3 000 kN，最好小于 2 500 kN。

② 对动车组等固定编组的车辆而言，碰撞能量的吸收分布在各编组位置的端部，具体的能量耗散值与 60 km/h 速度碰撞情形下的数值仿真的结果一致，撞击力峰值的要求与①一致。

③ 对动车组等固定编组的车辆而言，每节车吸收 2 MJ 的冲击能量，分布在车辆两个端部，必须与理论分析的结果一致，尽可能提高两列相同车辆的碰撞相对速度。撞击力峰值的要求与①一致。

欧盟的标准 EN 15227 中并没有指明碰撞能量吸收的具体数值，只是规定了三种碰撞情景；美国标准则规定全车共吸收 13 MJ 能量，其中头车吸收 5 MJ，头车尾端吸收 3 MJ，头车后的第一节车厢前端吸收 5 MJ。

另外，碰撞能量管理是一个有序的、可控的、逐级吸能的过程，如果要让前端的吸能结构逐级变形，那么后面一级吸能结构的刚度肯定要高于前一级的刚度。又由于吸能结构均是安装在车体上的，车体的刚度本身就很小，那么吸能结构的刚度也只能跟着小。从前文中可以知道，美国的车体强度比英国和欧洲的车体强度大很多，从这方面也说明美国的碰撞能量吸收要高于其他标准。

4. 减速度要求

欧盟的 EN 15227 制定标准规定乘员所能承受的减速度。这个标准制定的前期是通过利用动物或者人类遗体进行大量的试验，并应用到动态的试验中来，主要采用的形式是各种各样的假人。具体规定机车平均减速度 5 g，最大不超过 7.5 g，允许出现更大的瞬时减速度，但是规定持续时间不超过 5 ms，中间车限制为 5 g。然而，英国分类标准中并没有明确规定乘员减速度限制。相反，此标准规定了车辆前端结构最大极限载荷的限制，对于固定编组的车辆最大为 3 MN，其他的为 4 MN。

美国的标准中关于冲击减速度限值设定，两节相同的车辆以 48 km/h 的相对速度迎面发生碰撞时，冲击减速度小于 8 g（数字滤波以后）。

5. 转向架的保留

关于在碰撞或者脱轨后转向架是否应该被保留的问题，在国外铁路行业争论了很多年，且争论的双方各有其道理。在对以往事故的统计分析中，列车脱轨后产生翻转与伤亡人数有很大的关系。脱轨是造成车辆翻转的一个重要因素，在翻转类的事故中，有很多转向架脱离了车体，但是并不能直接证明转向架的保留能减少车体翻转的可能性。转向架的保留在一些情况是很有利的，如在车辆偏离轨道的时候。因此在各国标准中，还是对此做了相应的强度规定。

英国标准中规定了转向架与车体的连接强度对于机车、固定车组和动力车为纵向加速度不超过 3 g，对于其他车辆则是 5 g；而欧盟的 EN 15227 中，并没有单独说明转向架的保留，但规定了所有的车体附属设备，对于机车必须能承受 3 g 纵向加速度，对于车辆则是 5 g。

英国和欧盟对转向架的保留标准项规定，均是来源于运行时的载荷，并根据以往因转向架分离而导致的事故，进行综合的考虑后才规定的。

5.3　吸能元件与结构

5.3.1　吸能元件

如图 5–4 所示，吸能元件包括不同边长数的等截面薄壁方形结构（不同边长/厚度比）；等截面薄壁圆管结构（不同直径/厚度比）；波纹状薄壁方形圆管结构（不同波长、波幅、直径/厚度比）；波纹状薄壁方形方管结构（不同波长、波幅、边长/厚度比）；锥形薄壁方形结构（不同锥度）；锥形薄壁圆管结构（不同锥度）；不同诱导结构形式的上述薄壁结构，如方形、圆形诱导槽、开孔、三角坑等；膨胀式的压溃管结构；六方格蜂窝铝结构（不同胞壁长度、胞壁夹角、胞壁厚度）；不同规格的泡沫铝结构；等等。

图 5–4　吸能元件的试样

图 5–5 所示为吸能元件（圆管、方管）试件试验及仿真与试验一致性研究。

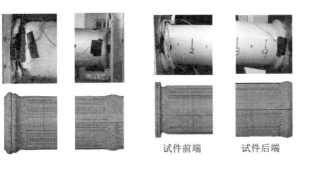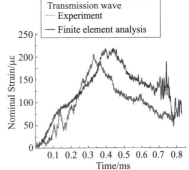

图 5–5　吸能元件试件试验与仿真结果对比分析

车辆碰撞吸能元件研究需对不同材质、不同结构形式、不同几何参数的吸能元件进行静态压缩试验。利用材料试验机得到元件变形过程中的压缩载荷曲线，记录吸能元件的变形模式及变形行程，通过试验机的压缩载荷—变形行程曲线数值积分得到元件的吸能量及静态力学形态。

开展高精度的吸能元件碰撞计算模型研究。建立吸能元件的显式有限元模型，研究材料动态特性与接触力、变形量、屈曲形式等关键参数，并做相关性分析，修正计算模型，提出高精度的吸能元件碰撞计算模型。

开展碰撞吸能元件优化设计。建立吸能结构碰撞强非线性问题的响应面优化设计方法，对不同材质、不同结构形式、不同几何参数的吸能元件进行优化设计，最终形成能安装在动车组、城轨车辆上的系列吸能元件。

5.3.2 吸能结构

车辆专用承载传力吸能部件研究包括设计不同结构形式、不同几何参数的吸能部件结构，包括蜂窝铝诱导式、泡沫铝诱导式、压溃元件诱导式、切削元件诱导式及其他诱导式吸能部件结构。

5.4 被动安全性能验证

开展吸能部件的撞击过程数值模拟。对设计蜂窝铝诱导式、泡沫铝诱导式、压溃元件诱导式、切削元件诱导式及其他诱导式吸能部件结构进行碰撞性能计算，比较和优化设计上述吸能部件结构，确定10～15种用于碰撞试验的吸能部件方案。

开展吸能部件方案，进行吸能部件准瞬态静压试验。用材料试验机得到元件变形过程中的压缩载荷曲线，记录吸能元件的变形模式及变形行程，通过试验机的压缩载荷—变形行程曲线数值积分得到元件的吸能量及静态力学形态。

开展吸能部件多种工况的冲击试验。对每种吸能部件方案进行不同速度下组合式吸能部件与刚性墙的碰撞试验，以及不同速度下两个组合式吸能部件正面对心碰撞试验。

开展组合式吸能部件的设计及参数优化。根据计算和试验结果，提出满足组合式吸能部件设计方案。对设计方案的诱导结构进行参数优化碰撞性能计算。利用显式有限元法对结构撞击过程进行数值模拟，逐个对影响结构撞击力、变形、吸能量等因素进行分析，将其一一解耦，提出满足不同撞击力、行程、吸能量要求的组合式吸能部件。

选取3～5种不同结构参数的组合式吸能部件，进行吸能部件与刚性墙的碰撞试验，以及两个组合式吸能部件正面对心碰撞试验，每种试验重复性不低于3次。

根据计算和试验结果，提出优化的组合式吸能部件设计结构。

最终形成能安装在各种动车组、城轨车辆上的系列专用承载传力吸能部件。

综上所述，带有被动安全保护装置的高速动车组已经受到世界各国的高度重视，欧盟要求新造及改造的轨道车辆必须满足相关碰撞安全标准的要求。对我国来说，车辆被动安全保护技术的研究势在必行，这是产品立足国内市场和轨道车辆实现"走出去"目标的一个必需具备的条件。掌握该技术对填补我国在高速动车组耐撞性研究的空白，提升我国高速动车组在国际市场的竞争力，开拓国际市场，具有深远的意义。

第6章

车体材料与连接技术

6.1 概　　述

　　安全、高速、舒适、节能、环保是高速动车组追求的目标，这对车体结构提出了安全、轻量化、减振降噪、减阻的要求。随着运行速度的提升，来自转向架、气动力、车载设备的载荷、振动激扰、噪声加剧，与不断提升的轻量化、安全性、减振降噪要求，以及速度提升引起的载荷、振动、噪声等之间的矛盾凸显。因此需要选择能够满足承载、服役、减振降噪要求的车体材料，兼顾工程实现，同时考虑经济性。

　　轨道车辆车体材料的发展经历了从初期的钢结构车体到铝合金车体，再向以发挥铝合金优良挤压性能型材为主的结构方向发展，目前广泛采用大型空心挤压型材。统计数据表明，以耐候钢、不锈钢和铝合金车体作比较，三者车体自重比为1:0.8:0.56。因此，为实现列车的高速、轻量化、安全和舒适性要求，高强韧大断面薄壁铝合金空心挤压型材就成为高速列车车体制造的首选材料。

6.2 铝合金材料特点及分类

6.2.1 铝合金材料特点

　　① 密度：铝的密度约为 2 700 kg/m³，相比钢铁材料具有明显的轻量化优势，因其轻量化特点，在飞机、船舶、汽车、军工、建筑、装备、轨道车辆等领域得到了广泛的应用。

　　② 强度：铝合金的系列、种类众多，拉伸强度能够在 70～600 MPa 间变化，可根据需求选择。

　　③ 加工性：容易制成板材、铝箔、棒材、管材、线材、型材等各种形状的材料；易于进行成形加工和切削加工；针对焊接结构，还开发出了可焊性优良的铝合金。

④ 耐腐蚀性：在空气环境中，铝合金表面能够形成一层致密的氧化膜，能够自我保护，具有良好的耐腐蚀性。

⑤ 低温特性：随着温度下降，强度上升，在降至超低温范围时，不会出现普通钢的低温脆性，在低温机械装备上得到了广泛应用。

⑥ 电传导性：具有铜 60% 的导电率，适用于输电线路。

⑦ 热传导性：热的良导体，适用于各种热交换器。

⑧ 反射性：铝表面的光能够很好地反射，因此适用于照明用具。

⑨ 无毒性：适用于食品包装用容器、家庭用器具。

⑩ 再生性：废料的再生非常容易，具有环保特性。

6.2.2 铝合金材料分类

铝合金材料分为两大类：一类是板、箔、型材、管、棒、线、锻造品等形变合金；另一类是铸件、压铸件等铸造合金。铝合金材料分类如图 6-1 所示。

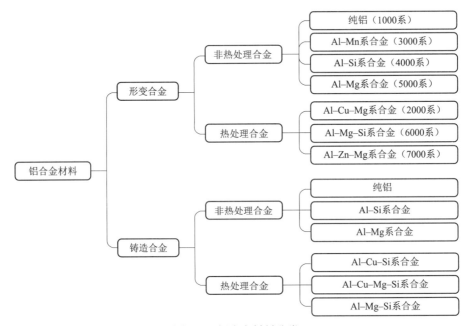

图 6-1　铝合金材料分类

非热处理型合金是指保持制造的原状，或经过轧制、挤压、拉制等冷加工处理；热处理型合金是指经过淬火、回火等处理，达到各自所规定的强度。但是，即使是热处理型合金，为了使强度达到比经过热处理所达到的强度更大，有时也要经过冷加工处理。非热处理型合金有时也要经过退火、稳定化处理等热处理。

6.2.3 铝合金材料的热处理

铝合金通过冷加工、淬火、时效硬化处理、退火处理等，可以调整强度及成型性等性质。

铝合金的性质根据热处理有显著的变化，因此根据材料的使用目的及加工方法选择最适合的铝合金非常重要。变形铝及铝合金的状态代号分为基础状态代号和细分状态代号，分别如表 6-1 和表 6-2 所示。

表 6-1　基础状态代号

代号	名　　称	说　　明
F	制造原样的铝合金	通过加工硬化或热处理，由未进行特别调整的制造工序中得到的铝合金。（指未特别指定进行调质处理的制造后的状态。按挤压原样、铸造原样，未受过调质处理的材料属于此类。）
H	加工硬化后的铝合金	与为达到适当的软度而进行的追加热处理无关，是通过加工硬化而增加强度的铝合金。
W		固溶热处理状态，一种不稳定状态，仅适用于经固溶热处理后，室温下自然时效的合金，该状态代号仅表示产品处于自然时效阶段（不常见）。
T	通过热处理，达到 F·O·H 以外的稳定质别的铝合金	为达到稳定的质别，与追加加工硬化无关，是通过热处理的铝合金。
O	通过退火处理，达到最柔软状态的铝合金	指通过退火，进行完全再结晶的状态。热处理合金时，自退火温度缓慢冷却，必须要完全防止出现淬火的效果。在铸件方面，为增加伸长或稳定尺寸而实施。

表 6-2　细分状态代号（基础状态代号 T）

细分代号	说　　明
T1	经高温加工冷却后产生自然时效的铝合金：如挤压材料，经高温制造工序冷却后，不进行主动的冷加工，产生自然时效，达到充分稳定状态的铝合金。因此，即使进行矫正，冷加工的效果也比较小。
T2	经高温加工后，进行冷却后的冷加工，再产生自然时效的铝合金：如挤压材料，经高温制造工序冷却后，为增加强度，再进行冷加工，产生自然时效，达到更加稳定状态的铝合金。
T3	固溶化处理后进行冷加工，产生自然时效的铝合金：固溶化处理后，为增加强度进行冷加工，产生自然时效，达到充分稳定状态的铝合金。
T4	固溶化处理后，产生自然时效的铝合金：固溶化处理后不进行冷加工，产生自然时效，达到充分稳定的状态。因此，即使进行矫正，冷加工的效果也比较小。
T5	经高温加工冷却后，再经人工时效硬化处理的铝合金：如铸件或挤压材料，经高温制造工序后，不进行主动的冷加工，而进行人工时效硬化处理的铝合金。因此，即使进行矫正，冷加工的效果也比较小。
T6	固溶化处理后，再经人工时效硬化处理的铝合金：经固溶化处理后不进行主动的冷加工，而进行人工时效硬化处理的铝合金。因此，即使进行矫正，冷加工的效果也比较小。
T7	固溶化处理后，再经稳定化处理的铝合金：经固溶化处理后，为调整成特别性质，以超过得到最大强度时的人工时效硬化处理条件，进行过剩时效处理的铝合金。
T8	固溶化处理后，进行冷加工，再经人工时效硬化处理的铝合金：经固溶化处理后，为增加强度而进行冷加工，再进行人工时效硬化处理的铝合金。
T9	固溶化处理后进行人工时效硬化处理，再进行冷加工的铝合金：经固溶化处理后进行人工时效硬化处理，为增加强度，再进行冷加工。
T10	经高温加工后，进行冷却后的冷加工，再进行人工时效硬化处理的铝合金：如挤压材料，经高温制造工序后冷却，为增加强度，再进行冷加工，经人工时效硬化处理的铝合金。

6.2.4　动车组用铝合金材料

　　针对其用途特点，动车组用铝合金材料主要有如下几种。

1. 5000 系合金

铁道车辆用得较多的是 5083 合金，为非热处理合金，具有优秀的强度，焊接性也较好。因此，该合金作为焊接结构材料广泛应用于船舶、车辆、化学机械等领域。

2. 6000 系合金

该系合金的强度、耐腐蚀性较好，能够作为代表性的结构用材。但是，只通过焊接的话，接头效率低。用于铁道车辆的主要有 6A01、6N01、6005A、6082、6008 等。

3. 7000 系合金

该系合金在铝合金中具有最高强度，分为 Al–Zn–Mg–Cu 系合金和不含 Cu 的用于焊接结构的 Al–Zn–Mg 合金。Al–Zn–Mg–Cu 合金的代表是 7075，可用于飞机、体育用品类。Al–Zn–Mg 合金具有比较高的强度，在焊接后的热影响区也能够通过自然时效回复到与母材相近的强度，因此，具有优秀的接头效率。作为焊接结构材料用于铁道车辆的主要有 7B05、7N01、7005、7020 等。

6.3　动车组用铝合金材料性能要求及执行标准

铝合金材料从基本要求、性能要求到性能评价是一个复杂的标准体系，动车组载荷复杂、环境复杂、服役时间长的特点，决定了动车组用铝合金材料除了在化学成分、基本力学性能等方面应满足相关标准的要求外，其疲劳性能、耐腐蚀性能、可焊性、断裂力学及腐蚀疲劳性能均要满足材料供货技术条件的要求。

6.3.1　技术要求标准

铁道车辆用铝合金材料技术要求类标准包括行业标准、国家标准、欧盟标准、国际标准，见表 6–3。

表 6–3　铝合金材料技术要求类标准

序号	标准号和名称
1	动车组用铝及铝合金　第 1 部分：基本要求（TB/T 3260.1—2011）
2	动车组用铝及铝合金　第 2 部分：板材和带材（TB/T 3260.2—2011）
3	动车组用铝及铝合金　第 3 部分：棒材和管材（TB/T 3260.3—2011）
4	动车组用铝及铝合金　第 4 部分：型材（TB/T 3260.4—2011）
5	变形铝及铝合金化学成分（GB/T 3190—2008）
6	一般工业用铝及铝合金挤压型材（GB/T 6892—2006）
7	轨道列车车辆结构用铝合金挤压型材（GB/T 26494—2011）
8	铝及铝合金挤压型材尺寸偏差（GB/T 14846—2014）
9	一般工业用铝及铝合金板、带材　第 1 部分：一般要求（GB/T 3880.1—2012）
10	一般工业用铝及铝合金板、带材　第 2 部分：力学性能（GB/T 3880.2—2012）

续表

序号	标准号和名称
11	一般工业用铝及铝合金板、带材　第 3 部分：尺寸偏差（GB/T 3880.3—2012）
12	Aluminium and aluminium alloys – Sheet,strip and plate – Part 1: Technical conditions for inspection and delivery（BS EN 485–1:2008）
13	Aluminium and aluminium alloys – Sheet,strip and plate – Part 2: Mechanical properties（BS EN 485–2:2008）
14	Aluminium and aluminium alloys – Sheet,strip and plate – Part 3: Tolerances on dimensions and form for hot–rolled products（BS EN 485–3:2003）
15	Aluminium and aluminium alloys – Sheet,strip and plate – Part 4: Tolerances on shape and dimensions for cold–rolled products（BS EN 485–4:1993）
16	Aluminium and aluminium alloys – Extruded rod/bar,tube and profiles – Part 1: Technical conditions for inspection and delivery（BS EN 755–1:1997）
17	Aluminium and aluminium alloys – Extruded rod/bar,tube and profiles – Part 2: Mechanical properties（BS EN 755–2:1997）
18	Aluminium and aluminium alloys – Extruded rod/bar,tube and profiles – Part 3: Round bars,tolerances on dimensions and form（BS EN 755–3:1996）
19	Aluminium and aluminium alloys – Extruded rod/bar,tube and profiles – Part 4: Square bars,tolerances on dimensions and form（BS EN 755–4:1996）
20	Aluminium and aluminium alloys – Extruded rod/bar,tube and profiles – Part 5: Rectangular bars,tolerances on dimensions and form（BS EN 755–5:1996）
21	Aluminium and aluminium alloys – Extruded rod/bar,tube and profiles – Part 6: Hexagonal bars,tolerances on dimensions and form（BS EN 755–6:1996）
22	Aluminium and aluminium alloys – Extruded rod/bar,tube and profiles – Part 7: Seamless tubes,tolerances on dimensions and form（BS EN 755–7:1998）
23	Aluminium and aluminium alloys – Extruded rod/bar,tube and profiles – Part 8: Porthole tubes,tolerances on dimensions and form（BS EN 755–8:1998）
24	Aluminium and aluminium alloys – Extruded rod/bar,tube and profiles – Part 9: Profiles,tolerances on dimensions and form（BS EN 755–9:2001）
25	Wrought aluminium and aluminium alloys – Extruded rod/bar,tubes and profiles – Part 1: Technical conditions for inspection and delivery（ISO 6362–1:1986）
26	Wrought aluminium and aluminium alloys – Extruded rod/bar,tubes and profiles – Part 2: Mechanical properties（ISO 6362–2:1990）
27	Wrought aluminium and aluminium alloys – Extruded rod/bar,tubes and profiles – Part 3: Extruded rectangular bars,tolerances on shape and dimensions（ISO 6362–3:2001）
28	Wrought aluminium and aluminium alloys – Extruded rod/bar,tubes and profiles – Part 4: Extruded profiles,tolerances on shape and dimensions（ISO 6362–4:1988）
29	铝和铝合金薄板材、带材和板材（JIS H 4000:2006）
30	铝和铝合金挤压型材（JIS H 4100:2006）

6.3.2　性能评定标准

铁道车辆用铝合金材料需要进行系统的材料综合性能评定，所用主要标准见表 6–4。

表6-4 铝合金材料性能评定标准

序号	标准号和名称
1	金属材料 布氏硬度试验 第1部分：试验方法（GB/T 231.1—2009）
2	铝及铝合金光电直读发射光谱分析方法（GB/T 7999—2007）
3	变形铝及铝合金化学成分分析取样方法（GB/T 17432—2012）
4	铝及铝合金化学分析方法（GB/T 20975.1～26）
5	变形铝及铝合金制品组织检验方法 第1部分：显微组织检验方法（GB/T 3246.1—2012）
6	变形铝及铝合金制品组织检验方法 第2部分：低倍组织检验方法（GB/T 3246.2—2012）
7	金属材料 疲劳试验 轴向力控制方法（GB/T 3075—2008）
8	金属材料 疲劳试验 数据统计方案与分析方法（GB/T 24176—2009）
9	金属材料轴向等幅低循环疲劳试验方法（GB/T 15248—2008）
10	金属材料平面应变断裂韧度 KIC 试验方法（GB/T 4161—2007）
11	金属材料疲劳裂纹扩展速率试验方法（GB/T 6398—2000）
12	金属材料夏比摆锤冲击试验方法（GB/T 229—2007）
13	金属和合金的腐蚀 应力腐蚀试验 第1部分：试验方法总则（GB/T 15970.1—1995）
14	金属和合金的腐蚀 应力腐蚀试验 第2部分：弯梁试样的制备和应用（GB/T 15970.2—2000）
15	金属和合金的腐蚀 应力腐蚀试验 第3部分：U型弯试样的制备和应用（GB/T 15970.3—1995）
16	金属和合金的腐蚀 应力腐蚀试验 第4部分：单轴加载拉伸试样的制备和应用（GB/T 15970.4—2000）
17	金属和合金的腐蚀 应力腐蚀试验 第5部分：C型环试样的制备和应用（GB/T 15970.5—1998）
18	金属和合金的腐蚀 应力腐蚀试验 第6部分：恒载荷或恒位移下预裂纹试样的制备和应用（GB/T 15970.6—2007）
19	金属和合金的腐蚀 应力腐蚀试验 第7部分：慢应变速率试验（GB/T 15970.7—2000）
20	金属和合金的腐蚀 应力腐蚀试验 第8部分：焊接试样的制备和应用（GB/T 15970.8—2005）
21	金属和合金的腐蚀 应力腐蚀试验 第9部分：渐增式载荷或渐增式位移下的预裂纹试样的制备和应用（GB/T 15970.9—2007）
22	金属和合金的腐蚀 腐蚀疲劳试验 第1部分：循环失效试验（GB/T 20120.1—2006）
23	金属和合金的腐蚀 腐蚀疲劳试验 第2部分：预裂纹试样裂纹扩展试验（GB/T 20120.2—2006）
24	慢应变速率应力腐蚀试验方法（HB 7235—1995）
25	金属材料疲劳试验方法通则（JIS Z 2273—1978）
26	航空设备用铝合金锻制品的超声波检测方法（ASTM B 594—2013）

6.4 焊 接

6.4.1 概述

焊接，也称熔接、镕接，是一种以加热方式接合金属或其他热塑性材料如塑料的制造工艺及技术。焊接通过下列三种途径达到接合的目的：

① 加热欲接合的工件使之局部熔化形成熔池，熔池冷却凝固后便接合，必要时可加入熔填物辅助；

② 单独加热熔点较低的焊料，无须熔化工件本身，借焊料的毛细作用连接工件（如软钎焊、硬焊）；

③ 在相当于或低于工件熔点的温度下辅以高压、叠合挤塑或振动等，使两工件间相互渗透接合（如锻焊、固态焊接）。

依具体的焊接工艺，焊接可细分为气焊、电阻焊、电弧焊、感应焊接及激光焊接等其他特殊焊接。

焊接的能量来源有很多种，包括气体焰、电弧、激光、电子束、摩擦和超声波等。除了在工厂中使用外，焊接还可以在多种环境下进行，如野外、水下和太空。无论在何处，焊接都可能给操作者带来危险，所以在进行焊接时必须采取适当的防护措施。焊接给人体可能造成的伤害包括烧伤、触电、视力损害、吸入有毒气体、紫外线照射过度等。

19 世纪末之前，唯一的焊接工艺是铁匠沿用了数百年的金属锻焊。最早的现代焊接技术出现在 19 世纪末，先是弧焊和氧气焊，稍后出现了电阻焊。20 世纪早期，直至第一次世界大战和第二次世界大战中对军用设备的需求量很大，与之相应的廉价可靠的金属连接工艺受到重视，进而促进了焊接技术的发展。这以后，先后出现了几种现代焊接技术，包括目前最流行的手工电弧焊，以及诸如熔化极气体保护电弧焊（见图 6-2）、埋弧焊（潜弧焊）、药芯焊丝电弧焊和电渣焊这样的自动或半自动焊接技术。20 世纪下半叶，焊接技术的发展日新月异，激光焊接和电子束焊接被开发出来。今天，焊接机器人在工业生产中得到了广泛的应用。研究人员仍在深入研究焊接的本质，继续开发新的焊接方法，并进一步提高焊接质量。

图 6-2　熔化极气体保护电弧焊

6.4.2　焊接种类

1. 弧焊

弧焊使用焊接电源来创造并维持电极和焊接材料之间的电弧，使焊点上的金属熔化形成熔池。弧焊可以使用直流电或交流电，使用消耗性或非消耗性电极。有时在熔池附近会引入某种惰性或半惰性气体，即保护气体，有时还会添加焊补材料。

弧焊过程要消耗大量的电能，可以通过多种焊接电源来供应能量。最常见的焊接电源包括恒流电源和恒压电源。在弧焊过程中，所施加的电压决定电弧的长度，所输入的电流则决定输出的热量。恒流电源输出恒定的电流和波动的电压，多用于人工焊接，如手工电弧焊和钨极气体保护电弧焊。因为人工焊接要求电流保持相对稳定，而在实际操作中，电极的位置很难保证不变，弧长和电压也会随之发生变化。恒压电源输出恒定的电压和波动的电流，因此常用于自动焊接工艺，如熔化极气体保护电弧焊、药芯焊丝电弧焊和埋弧焊。在这些焊接工艺中，电弧长度保持恒定，因为焊头和工件之间距离发生的任何波动都通过电流的变化来弥补。例如，如果焊头和工件的间隔过近，电流将急速增大，使得焊点处发热量骤增，焊头部分熔化直至间隔恢复到原来的程度。

所用的电的类型对焊接有很大影响。耗电量大的焊接工艺，如手工电弧焊和熔化极气体保护电弧焊通常使用直流电，电极可接正极或负极。在焊接中，接正极的部分会有更大的热量集中，因此，改变电极的极性将影响到焊接性能。如果工件接正极，工件将更热，焊接深度和焊接速度也会大大提高。反之，工件接负极的话将焊出较浅的焊缝。耗电量较小的焊接工艺，如钨极气体保护电弧焊，可以通直流电（采用任意接头方式），也可以使用交流电。然而，这些焊接工艺所采用的电极都是只产生电弧而不提供焊料的。因此在使用直流电时，工件接正电极时，焊接深度较浅；而接负电极时能产生更深的焊缝。交流电使电极的极性迅速变化，从而将生成中等穿透程度的焊缝。使用交流电的缺点之一是，每一次变化的电压通过电压零点后，电弧必须重新点燃。为解决这一问题，一些特殊的焊接电源产生的是方波型的交流电，而不是通常的正弦波型，使得电压变化通过零点时的负面影响降到最小。

（1）手工电弧焊

如图 6-3 所示，手工电弧焊是最常见的焊接工艺。在焊接材料和消耗性的焊条之间，通过施加高电压来形成电弧，焊条的芯部分通常由钢制成，外层包覆有一层助焊剂。在焊接过程中，助焊剂燃烧产生二氧化碳，保护焊缝区免受氧化和污染。电极芯则直接充当填充材料，不需要另外添加焊料。

图 6-3　手工电弧焊

这种工艺的适用面很广，所需的设备也相对便宜，非常适合现场和户外作业。操作者只需接受少量的培训便可熟练掌握。焊接时间较慢，因为使用消耗性的焊条，电极必须经常更换，焊接后还需要清除助焊剂形成的焊渣。此外，这一技术通常只用于焊接黑色金属，焊铸铁、镍、铝、铜等金属时需要使用特殊焊条。缺乏经验的操作者还往往难以掌握特殊位置的焊接。

（2）熔化极气体保护电弧焊

熔化极气体保护电弧焊，通常包含 MIG（又称为金属—惰性气体焊）及 MAG（又称为金属—活性气体焊），是一种半自动或自动的焊接工艺。它采用焊条连续送丝作为电极，并用惰性、半惰性或活性气体，以及混合气体保护焊点。和手工电弧焊相似，操作者稍加培训就能熟练掌握。由于焊丝供应是连续的，熔化极气体保护电弧焊和手工电弧焊相比能获得更高的焊接速度。此外，因其电弧相对手工电弧焊较小，熔化极气体保护电弧焊更适合进行特殊位置焊接（如仰焊）。

和手工电弧焊相比，熔化极气体保护电弧焊所需的设备要复杂和昂贵得多，安装过程也比较烦琐。因此，熔化极气体保护电弧焊的便携性和通用性并不好，而且由于必须使用保护气体，并不是特别适合于户外作业。但是，熔化极气体保护电弧焊的焊接速度较快，非常适合工厂化大规模焊接。这一工艺适用于多种金属，包括黑色和有色金属。

另一种相似的技术是药芯焊丝电弧焊，它使用和熔化极气体保护电弧焊相似的设备，但采用包覆着粉末材料的钢质电极芯的焊丝。和标准的实心焊丝相比，这种焊丝更加昂贵，在焊接中会产生烟和焊渣，但使用它可以获得更高的焊接速度和更大的焊深。

（3）钨极气体保护电弧焊

钨极气体保护电弧焊，或称钨—惰性气体（TIG 焊）焊接，是一种手工焊接工艺。它采用非消耗性的钨电极、惰性或半惰性的保护气体，以及额外的焊料。这种工艺拥有稳定的电弧和较高的焊接质量，特别适用于焊接板料，但这一工艺对操作者的要求较高，焊接速度相对较低。

钨极气体保护电弧焊几乎适用于所有的可焊金属，最常用于焊接不锈钢和轻金属。它往往用于焊接那些对焊接质量要求较高的产品，如自行车、飞机和海上作业工具。与之类似的是等离子弧焊，它采用钨电极和等离子气体来生成电弧。等离子弧焊的电弧相对于钨极气体保护电弧焊更集中，使对等离子弧焊的横向控制显得尤为重要，因此这一技术对机械系统的要求较高。由于其电流较稳定，该方法与钨极气体保护电弧焊相比，焊深更大，焊接速度更快。它能够焊接钨极气体保护电弧焊所能焊接的几乎所有金属，唯一不能焊接的是镁。不锈钢自动焊接是等离子弧焊的重要应用。该工艺的一种变种是等离子切割，适用于钢的切割。

（4）埋弧焊

埋弧焊，是一种高效率的焊接工艺。埋弧焊的电弧是在助焊剂内部生成的，由于助焊剂阻隔了大气的影响，焊接质量因此得以大大提升。埋弧焊的焊渣往往能够自行脱落，无须清理。埋弧焊可以通过采用自动送丝装置来实现自动焊接，这样可以获得极高的焊接速度。由于电弧隐藏在助焊剂之下，几乎不产生烟雾，埋弧焊的工作环境大大好于其他弧焊工艺。这一工艺常用于工业生产，尤其是在制造大型产品和压力容器时。其他的弧焊工艺包括原子氢焊、碳弧焊、电渣焊、气电焊、螺柱焊接等。

2. 气焊

如图 6–4 所示，最常见的气焊工艺是可燃气焊接，也称为氧乙炔焰焊接。它是最古老、最通用的焊接工艺之一，但近年来在工业生产中已经不多见。它曾广泛用于制造和维修管道，也适用于制造某些类型的金属艺术品。可燃气焊接不仅可以用于焊接铁或钢，还可用于铜焊、钎焊、加热金属（以便弯曲成型）、气焰切割等。

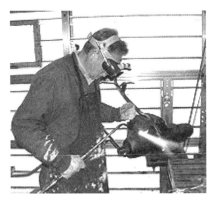

图 6-4　使用可燃气焊接金属部件

可燃气焊接所需的设备较简单，也相对便宜，一般通过氧气和乙炔混合燃烧来产生温度约为 3 100 ℃的火焰。因为火焰相对电弧更分散，可燃气焊接的焊缝冷却速度较慢，可能会导致更大的应力残留和焊接变形，但这一特性简化了高合金钢的焊接。一种衍生的应用被称为气焰切割，即用气体火焰来切割金属。其他的气焊工艺有空气乙炔焊、氢氧焊、气压焊，它们的区别主要在于使用不同的燃料气体。氢氧焊有时用于小物品的精密焊接，如珠宝首饰。气焊也可用于焊接塑料，一般采用加热空气来焊接塑料，其工作温度比焊接金属要低得多。

3. 电阻焊

电阻焊的原理是：两个或多个金属表面接触时，接触面上会产生接触电阻。如果在这些金属中通过较大的电流（1 000～100 000 A），根据焦耳定律，接触电阻大的部分会发热，将接触点附近的金属熔化形成熔池。一般来说，电阻焊是一种高效、无污染的焊接工艺，但其应用因为设备成本的问题受到限制。

点焊，或称电阻点焊，是一种流行的电阻焊工艺，用于连接叠压在一起的金属板，金属板的厚度可达 3 mm，见图 6-5。两个电极在固定金属板的同时，还向金属板输送强电流。该方法的优点包括：能源利用效率较高，工件变形小，焊接速度快，易于实现自动化焊接，而且无需焊料。由于电阻点焊的焊缝强度明显较低，这一工艺只适合于制造某些产品。它广泛应用于汽车制造业，一辆普通汽车上由工业机器人进行的焊接点多达几千处。一种特殊的点焊工艺可用于不锈钢上。

图 6-5　点焊机

与点焊类似的一种焊接工艺称为缝焊，它通过电极施加压力和电流来拼接金属板。缝焊所采用的电极是轧辊形而非点形，电极可以滚动来输送金属板，这使得缝焊能够制造较长的焊缝。在过去，这种工艺被用于制造易拉罐，但现在已经很少使用。其他的电阻焊工艺包括闪光焊、凸焊、对焊等。

4. 硬焊和软焊

硬焊（硬钎焊）和软焊（软钎焊）是以熔点低于欲连接工件的熔填物填充于两工件间，并待其凝固后将二者接合起来的一种接合法。所使用的熔填物熔点在 427 ℃（800 ℉）以下者，称为软焊；熔点在 427 ℃（800 ℉）以上者，称为硬焊。通常亦将熔填物作为焊接方式名称，常用的硬焊如铜焊，软焊则常用锡焊、铅焊。

5. 能量束焊接

能量束焊接工艺包括激光焊接和电子束焊接。它们都是相对较新的工艺，在高科技制造业中很受欢迎。这两种工艺的原理相近，最显著的区别在于它们的能量来源。激光焊接法采用的是高度集中的激光束，而电子束焊接法则使用在真空室中发射的电子束。由于两种能量束都具有很高的能量密度，能量束焊接的熔深很大，而焊点很小。这两种焊接工艺的工作速度都很快，很容易实现自动化，生产效率极高。主要缺点是设备成本极其昂贵（虽然价格一直在下降），焊缝容易发生热裂。在这个领域的新发展是激光复合焊，它结合了激光焊接和电弧焊的优点，因此能够获得质量更高的焊缝。

6. 固态焊接

和最早的焊接工艺锻焊类似的是，一些现代焊接工艺也无须将材料熔化来形成连接。其中最流行的是超声波焊接，它通过施加高频声波和压力来连接金属和热塑性塑料制成的板料和线料。超声波焊接的设备和原理都和电阻焊类似，只是输入的不是电流而是高频振动。这一焊接工艺在焊接金属时不会将金属加热到熔化，焊缝的形成依赖的是水平振动和压力。焊接塑料时，则应该在熔融温度下施加垂直方向的振动。超声波焊接常用于制造铜或铝质地的电气接口，也多见于焊接复合材料。

另一种较常见的固态焊接工艺是爆炸焊，它的原理是使材料在爆炸产生的高温高压作用下形成连接。爆炸产生的冲击使得材料短时间内表现出可塑性，从而形成焊点，这一过程中只产生很少量的热量。这一工艺通常用于连接不同材料，如在船体或复合板上连接铝制部件。其他固态焊接工艺包括挤压焊、冷焊、扩散焊、摩擦焊（包括搅拌摩擦焊）、EMPT 焊接、高频焊、热压焊、感应焊、热轧焊。

7. 电磁脉冲技术（EMPT）焊接

如图 6-6 所示，电磁脉冲技术（EMPT）可以在不相互接触的情况下对金属进行连接、焊接、

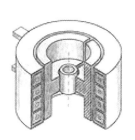

图 6-6　电磁脉冲技术（EMPT）

成形和切割。EMPT 利用电磁感应圈，从一个脉冲发生器中产生出短暂且非常强的电流。感应圈产生出的电磁场，可以瞬间压缩或者膨胀而改变管材的直径。由于管材表面可以短暂带涡电流，因而此技术同样可以处理没有磁性的金属，如铝。

电磁脉冲技术（EMPT）尤其适用于导电性强的金属管材，如铝、铜、钢等。同样可以压缩或者膨胀不对称的横截面，根据需要进行机械密封、固相焊接，或简单的形状改变。由于其速度非常快，因此产生出的固相焊接的微观结构可以接近于爆炸焊接或者爆炸包覆。

很多情况下需要使用固相焊接，也被称为原子结合，因为其是在原子能级上进行的连接。焊接方法和爆炸焊接很相似，都是在高压作用下，两个纯金属工件的原子相互挤压，直到发生电子转移，形成一个新的金属混合物。然而进行 EMPT 焊接操作时温度不会升高，即没有受到高温影响的区域，因而微观结构也就不会发生改变。EMPT 焊接是靠工件之间的 V 形接口，即两工件连接端事先做成圆锥形。

工件相互之间进行"滚动式"挤压接触。如果产品对于密封性或传导性有特殊要求，EMPT 焊接的优势则更加突出。在 V 形端部产生的接触挤压力可达 1 000 N/mm^2，并伴有巨大的张力。这基本上发生在两个工件的接触区域前面的十几微米的接触点之间。表层下的塑性变形，导致两个接触体的氧化层都发生破裂，因而发生与爆炸焊接相类似的波浪状微观结构。有限元分析表明，塑性变形速度超过声音在空气中传播速度，而远远低于声音在金属中传播速度。工件之间的空气层被压缩，加速向顶端角部挤压，由此产生的喷射气体将连接区域的碎屑及氧化粒子等吹走。

EMPT 焊接的优点在于结合强度大，因为结合力相当于要将工件熔化的力。另外，EMPT 焊接可以用在不同金属材料上类似"氢密封"连接，而不产生高热量。通常难焊的不锈钢材料也可以使用 EMPT 焊接，甚至可以大批量地焊接不同的金属，如钢和铝、钢和铜，以及铜和铝等。

6.4.3 焊接接头类型

如图 6-7 所示，为常见的焊接接头类型：① I 形对接接头；② V 形对接接头；③ 搭接接头；④ 倒 T 形接头。

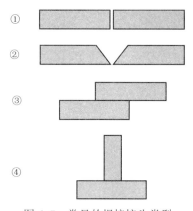

图 6-7 常见的焊接接头类型

还有一些由此衍生的接头形式存在，例如双 V 形对接制备接头，它的特点是把两个待连接的材料都切屑成 V 形尖角形状。单 U 形和双 U 形对接制备接头也很常见，它们的接头被加工成曲线状的 U 形，和 V 形接头的直线型不同。

通常情况下，某些焊接工艺不能或几乎完全不能加工某些类型的接头。例如，进行电阻点焊、激光焊和电子束焊时，常常采用搭接接头。然而，一些焊接工艺，如手工电弧焊，几乎可以采用任何接头类型。

有些焊接工艺允许进行多次焊接：在一次焊接的焊缝冷却之后，在其基础上再焊一次。这样就能够以 V 形对接接头来焊接较厚的工件。

图 6-8 所示为一个焊接接头的横截面，颜色最深的部分是焊接区或称熔化区，较浅的部分是热影响区，颜色最浅的部分是母材。

图 6-8　焊接接头的横截面

焊接结束之后，焊缝附近的材料显示出几个区别明显的区域。焊缝被称为熔化区，更具体地说就是助焊剂熔化后填充的区域，熔化区的材料特性主要取决于所使用的助焊剂，以及助焊剂和母材的兼容性。熔化区周围的是热影响区，该区域的材料在焊接过程中产生了微观结构和特性上的变化，这些变化取决于母材在受热状态下的特性。热影响区的金属性能往往不如母材和熔化区，残余应力就分布在这一区域。

6.4.4　焊接质量

衡量焊接质量的主要指标是焊缝及其周边材料的强度。影响强度的因素很多，包括焊接工艺、能量的注入形式、母材、填充材料、助焊剂、接头设计形式，以及上述因素间的相互作用。通常采用有损或无损检测来检查焊接质量，检测的主要对象是焊点的缺陷、残余应力和变形的程度、热影响区的性质。焊接检测有一整套规范和标准，来指导操作者采用适当的焊接工艺并判断焊接质量。

图 6-9 显示了在 600 ℃左右的焊接过程中造成的金属氧化。通过颜色来判断焊接时的温

图 6-9　热影响区

度是很准确的，但是颜色区域不代表热影响区的大小。真正的热影响区实际上是焊缝周围很窄小的区域。

焊接工艺对焊缝附近的金属特性的影响是可以标定的，不同焊接材料和焊接工艺会形成大小不一、特性各异的热影响区。母材的热扩散系数对热影响区的性质有很大的影响：较大的热扩散系数使得材料能以较快速度冷却，形成相对较小的热影响区。与之相反的是，如果材料的热扩散系数较小，散热困难，热影响区相对就较大。焊接工艺的热能输入量对热影响区也有显著的影响，如氧乙炔焊接中，由于热量不是集中输入的，会形成较大的热影响区。而诸如激光焊接这样的工艺，能够把有限的热量集中输出，所造成的热影响区较小。弧焊所造成的热影响区则位于两种极端情况之间，操作者水平往往决定了弧焊热影响区的大小。

计算弧焊的热输入量，可以采用式（6-1）：

$$Q = \frac{V \times I \times 60}{S \times 1\,000} \times E \qquad\qquad (6-1)$$

式中：Q 为热输入量（kJ/mm），V 为电压（V），I 为电流（A），S 为焊接速度（mm/min）。E（效率）的取值取决于所采用的焊接工艺：手工电弧焊为 0.75，气体金属电弧焊和埋弧焊为 0.9，钨极气体保护电弧焊为 0.8。

由于焊接时金属被加热到熔化温度，在冷却时会产生收缩。收缩会产生残余应力，并造成纵向和圆周方向的扭曲。扭曲可能导致产品形状的失控。为了消除扭曲，有时焊接时会引入一定的偏移量，以抵消冷却造成的扭曲。限制扭曲的其他方法包括将工件夹紧，但是这样可能导致热影响区残余应力的增大。残余应力会降低母材的机械性能，形成灾难性的冷裂纹。第二次世界大战期间建造的多艘自由轮就出现过这种问题。冷裂纹仅见于钢材料，它与钢冷却时形成马氏体有关，断裂多发生在母材的热影响区。为了减少扭曲和残余应力，应该控制焊接的热输入量，单个材料上的焊接应该一次完工，而不是分多次进行。

其他类型的裂纹，如热裂纹和硬化裂纹，在所有金属的焊接熔化区都可能出现。为了减少裂纹的出现，金属焊接时不应施加外力约束，并采用适当的助焊剂。

6.4.5　可焊性

焊接的质量还取决于所采用的母材和填充材料的可焊性。并非所有的金属都能焊接，不同的母材需要搭配特定的助焊剂。

1. 钢铁

不同钢铁材料的可焊性与其本身的硬化特性成反比，硬化特性指的是钢铁焊接后冷却期间产生马氏体的能力。钢铁的硬化特性取决于它的化学成分，如果一块钢材料含有较高比例的碳和其他合金元素，它的硬化特性指标就较高，因此可焊性相对较低。要比较不同合金钢的可焊性，可以采用以一种名为当量碳含量的方法，它可以反映出不同合金钢相对于普通碳钢的可焊性。例如，铬和钒对可焊性的影响要比铜和镍高，而以上合金元素的影响因子比碳都要小。合金钢的当量碳含量越高，其可焊性就越低。如果为了取得较高的可焊性而采用普通碳钢和低合金钢的话，产品的强度就相对较低——可焊性和产品强度之间存在着微妙的权衡关系。20 世纪 70 年代开发出的高强度低合金钢则克服了强度和可焊性之间的矛盾，这些合金钢在拥有高强度的同时也有很好的可焊性，使得它们成为焊接应用的理想材料。

由于不锈钢含有较高比例的铬，所以对它的可焊性的分析不同于其他钢材。不锈钢中的奥氏体具有较好的可焊性，但是奥氏体因其较高的热膨胀系数而对扭曲十分敏感。一些奥氏体不锈钢合金容易断裂，因此降低了它们的抗腐蚀性能。如果在焊接中不注意控制铁素体的生成，就可能导致热断裂。为了解决这个问题，可以采用一只额外的电极头，用来沉积一种含有少量铁素体的焊缝金属。铁素体不锈钢和马氏体不锈钢的可焊性也不好，在焊接中必须要预热，并用特殊焊接电极来焊接。

2. 铝

铝合金的可焊性随着其所含合金元素的不同变化很大。铝合金对热断裂的敏感度很高，因此在焊接时通常采用高焊接速度、低热量输入的方法。预热可以降低焊接区域的温度梯度，从而减少热断裂。但是预热也会降低母材的机械性能，并且不能在母材固定时施加。采用适当的接头形式、兼容性更好的填充合金都能减少热断裂的出现。铝合金在焊接之前应清理表面，除去氧化物、油污和松散的杂质。表面清理是非常重要的，因为铝合金在焊接时，过多的氢会造成泡沫化，过多的氧会形成浮渣。

6.5　铆　　接

铆接是使用铆钉连接两件或两件以上工件的方法。铆接一般是在两个厚度不大的板上打洞，然后将铆钉放进去，用铆钉枪将铆钉铆死，而将两个板连接在一起，比如球鞋穿鞋带的孔，就是空心铆钉铆成的。铆接分冷铆和热铆。

6.5.1　分类

1. 活动铆接

结合件可以相互转动，不是刚性连接，如剪刀、钳子。

2. 固定铆接

结合件不能相互活动，是刚性连接，如角尺、三环锁上的铭牌、桥梁建筑。

3. 密封铆接

铆缝严密，不漏气体、液体，是刚性连接。

6.5.2　工艺过程

钻孔—（锪窝）—（去毛刺）—插入铆钉—顶模（顶把）顶住铆钉—旋铆机铆成形（或手工墩紧—墩粗—铆成—罩形）。

6.6　螺 纹 连 接

螺纹连接（screw joint）是用螺纹件（或被连接件的螺纹部分）将被连接件连成一体的可

拆连接。常用的螺纹连接件有螺栓、螺柱、螺钉和紧定螺钉等，多为标准件（见标准紧固件）。采用螺栓连接时，无须在被连接件上切制螺纹，不受被连接件材料的限制，构造简单，装拆方便，但一般情况下须要在螺栓头部和螺母两边进行装配。螺栓连接是应用很广的连接方式，分为紧连接和松连接。

紧连接用于载荷变化或有冲击振动，要求连接紧密或具有较大刚性的场合。根据传力方式的不同，螺栓连接分为受拉连接和受剪连接。前者制造和拆装方便，应用广泛；后者杆孔配合精密，可兼有定位作用。螺柱和螺钉连接多用于受结构限制而不能用螺栓的场合。螺钉连接不用螺母，且有光整的外露表面，但不宜用于时常拆装的场合，以免损坏被连接件的螺纹孔。用紧定螺钉连接时，紧定螺钉旋入被连接件之一的螺纹孔中，其末端顶住另一被连接件，以固定两个零件的相互位置，并可传递不大的力或扭矩。在绝大多数情况下，螺纹连接都是可拆的。

螺纹连接的特点：

① 螺纹拧紧时能产生很大的轴向力；

② 能方便地实现自锁；

③ 外形尺寸小；

④ 制造简单，能保持较高的精度。

6.6.1　螺纹连接的基本类型

1. 螺栓连接

被连接件的孔中不切制螺纹，拆装方便。普通螺栓连接，螺栓与孔之间有间隙，由于加工简便，成本低，所以应用最广。铰制孔用螺栓连接时，被连接件上的孔用高精度铰刀加工而成，螺栓杆与孔之间一般采用过度配合，主要用于需要螺栓承受横向载荷或需靠螺杆精确固定被连接件相对位置的场合。

2. 双头螺柱连接

使用两端均有螺纹的螺柱，一端旋入并紧定在较厚被连接件的螺纹孔中，另一端穿过较薄被连接件的通孔。适用于被连接件较厚，要求结构紧凑和经常拆装的场合。

3. 螺钉连接

螺钉直接旋入被连接件的螺纹孔中，结构较简单，适用于被连接件之一较厚，或另一端不能装螺母的场合。但经常拆装会使螺纹孔磨损，导致被连接件过早失效，所以不适用于经常拆装的场合。

4. 紧定螺钉连接

将紧定螺钉拧入一零件的螺纹孔中，其末端顶住另一零件的表面，或顶入相应的凹坑中。常用于固定两个零件的相对位置，并可传递不大的力或转矩。

6.6.2　螺纹连接的防松

螺纹连接一般具有自锁性，此外螺母及螺栓头部支撑面上的摩擦力也有防松作用，故拧紧后一般不会松脱。但在冲击、振动或变载荷作用下，以及在高温或温度变化较大时，螺纹之间的摩擦力会瞬时减小或消失，连接就可能松动。防松的关键就是防止螺纹的相对转动。

1. 摩擦防松

① 弹簧垫片：利用收口的弹力使旋合螺纹间压紧。

② 对顶螺母：增加摩擦防松。

③ 自锁螺母：增加摩擦防松。

2. 机械防松

常用开槽螺母与开口销、圆螺母与止动垫圈、带翅垫片。

3. 变为不可拆连接

常用端铆、冲点（破坏螺纹）、点焊。

6.6.3　螺纹连接的强度

螺纹连接强度计算的目的，主要是根据连接的结构形式、材料性质和载荷状态等条件，分析螺纹的受力和失效形式，然后按相应的计算准则计算螺纹小径 d_1，再按照标准选定螺纹公称直径 d 和螺距 P 等。螺纹其余部分尺寸及螺母、垫圈等，一般都可根据公称直径 d 直接从标准中选定，因为制定标准时，已经考虑了螺栓、螺母的各部分及垫圈的等强度和制造、装配等要求。

需要说明的是，螺栓连接、螺钉连接和双头螺柱连接的失效形式和计算方法基本相同。

6.7　胶　　接

胶接（bonding）是利用在连接面上产生的机械结合力、物理吸附力和化学键合力而使两个胶接件胶接起来的工艺方法。胶接不仅适用于同种材料，也适用于异种材料。胶接工艺简便，不需要复杂的工艺设备，胶接操作不必在高温高压下进行，因而胶接件不易产生变形，接头应力分布均匀。在通常情况下，胶接接头具有良好的密封性、电绝缘性和耐腐蚀性。

6.7.1　胶接的应用

应用胶接最多的是木材工业，大约 60%～70%的木材通过胶接制造胶合板、纤维板、装饰板和木器家具等。通过胶接加工，可以充分利用木材资源，又可以改善天然木料的物理机械性能，尤其是采用合成胶黏剂胶接的木制品，不仅强度高，而且具有良好的耐水性，甚至可以经受沸水的浸泡。在建筑方面，胶接主要用于室内装修和各种密封。机械工业中，胶接主要用于金属和非金属的结构连接，例如用热固化型胶黏剂胶接的汽车刹车闸，剪切强度可达 49～70 MPa，比普通刹车闸的强度提高 4～5 倍；胶接可简化机械加工，例如轮船艉轴与螺旋桨通常采用键紧配连接，这就需要靠精加工保证配合精度，如果采用胶接便可降低对配合精度的要求，大大减少装配工时。胶接还可用于设备的维修，例如金属铸件的砂眼或缺陷，可用含有金属粉末的胶黏剂填补；超限的轴瓦、轴套等，可通过胶接一层耐磨材料，或直接用含耐磨填料的胶黏剂修补、恢复破裂壳体，在受力不大时可通过胶接玻璃布敷补；对承载

较大的壳体，可用胶接与金属扣合、螺钉加固等机械连接相结合的方法，来保证强度。胶接的另一重要应用是设备的密封。用液态的密封胶代替传统的橡皮、石棉铜片等固态垫料，使用方便，且可降低对密封面加工精度的要求，同时密封胶不会产生固态垫片因压缩过度和长时间受力而出现的弹性疲劳破坏，使密封效果更加可靠。航空工业是胶接应用的重要领域。由于金属连接件的减少，胶接结构与铆接结构相比，可使机件重量减轻 20%～25%，强度比铆接提高 30%～35%，疲劳强度比铆接提高 10 倍。因而现代飞机的机身、机翼、舵面等都大量采用胶接的金属板金结构和蜂窝夹层结构，有的大型运输机胶接结构达 3 200 m，有的轰炸机胶接面积占全机表面积的 85%。

此外，胶接在电器装配、文物修复等方面也有许多应用。医用胶黏剂在外科手术、止血、牙齿及骨骼修补等方面开辟了新的应用领域。

6.7.2　胶接工艺

胶接的工艺过程比较简单，但为获得理想的胶接效果，还应注意以下几点。

1. 接头形式

增大胶接面积，提高接头抗冲击、抗剥离能力是设计胶接接头的原则。因此，搭接、套接、嵌接等是较好的胶接接头形式。

2. 表面处理

材料的胶接表面状况对胶接质量有直接影响，胶接前需要对材料进行表面处理，其主要工序包括：清洗除油和除锈；喷砂或机械加工，使胶接面具有一定的粗糙度；化学处理形成活性易胶接表面等。其中机械或化学处理有时可以省去，例如铝蜂窝结构胶接时可不经机械处理；某些钢铁工件经喷砂处理后，不需化学处理也能获得良好的胶接效果。

3. 胶黏剂的选择

胶黏剂品种繁多、性能各异，选择时要考虑胶接件材料的种类和性质（金属或非金属、刚性或柔性等）、接头使用环境（受力状况、温度、湿度、介质等）、允许的胶接工艺条件（固化温度、压力等），以及胶黏剂的价格。

第 7 章

型 式 试 验

型式试验是为了验证产品能否满足技术规范的全部要求所进行的试验。它是新产品鉴定中必不可少的一个环节。只有通过型式试验，该产品才能正式投入生产。

为了达到认证目的而进行的型式试验，是对一个或多个具有代表性的样品，利用试验手段进行合格性评定。对于通用产品来说，型式试验的依据是产品标准。对于特种设备来说，型式试验是取得制造许可的前提，试验依据是型式试验规程或型式试验细则。

7.1　车体强度刚度试验

本节以 CRH380AL 型动车组中间车车体进行的静强度试验为例进行介绍，试验按照《铁路应用　铁路车辆车体结构要求》（EN 12663:2000）进行。通过试验鉴定车体结构的强度是否满足 EN 12663:2000 的有关要求。

7.1.1　被试车体主要技术参数和材质

1. 主要尺寸参数

主要尺寸参数见表 7–1。

表 7–1　主要尺寸参数

序号	项　　目	参　　数
1	车体长度/mm	24 500
2	车体最大宽度/mm	3 380
3	车辆定距/mm	17 500

2. 主要质量参数

主要质量参数见表 7–2。

表 7–2　主要质量参数

序号	项　目	符号	参数
1	整备状态下的车体质量/t	m_1	34.579
2	定员质量（73 人，每人 80 kg）/t	m_2	13.603
	超员质量（通道及通过台面积 24.46 m², 4 人/m²）		
3	每台转向架质量/t	m_3	7.390
4	准备好用于试验的车体质量/t	m_0	

3. 车体结构所用材料及其性能

车体结构所用材料及其性能见表 7–3。

表 7–3　车体结构所用材料及其性能

材质	使用部位	非焊缝区		焊缝区	
		弹性极限/MPa	疲劳极限/MPa	弹性极限/MPa	疲劳极限/MPa
A5083P–O	司机室、端墙	125	103	125	39
A6N01S–T5	车顶、侧墙	205	78	120	
A7N01S–T5	底架、端墙	245	119	205	
A7N01P–T4	底架补强板	195	135	176	

7.1.2　试验工况及试验方法

　　试验设备和仪器仪表包括车体静强度试验台、静态数据采集装置、称重传感器、位移传感器和应变片。

　　在正式试验前，应至少进行 2 次预加载，载荷应分阶段增加，直到最大载荷，以消除结构内应力。然后进行 1 次正式试验。

1. 车钩区域 1 500 kN 压缩载荷试验 LC1

车体水平支承在假台车上。

试验步骤：

① 传感器信号清零；

② 逐步施加纵向压缩载荷至 1 500 kN；

③ 采集数据；

④ 卸掉纵向压缩载荷；

⑤ 检查传感器信号是否回到零位。

试验数据整理：

本试验工况下的应力和位移值等于试验中测得的应力和位移值。

2. 垂向载荷试验 LC2

车体水平支承在假台车上。垂向载荷施加值见表 7–4。

表 7–4　垂向载荷施加值　　　　　　　　　　　　　　　　　　　　单位：kN

项　目	数值	施加值/变化量	数值	均布载荷	
				增加量	总量
m_0		m_0			
m_1	34 579	m_1-m_0			
$1.1\,m_1$	38 037	$1.1\,m_1-m_0$			
m_1+m_2	48 182	$(m_1+m_2)-m_0$			
$1.3\,(m_1+m_2)$	62 637	$1.3\,(m_1+m_2)-m_0$			

试验步骤：

① 传感器信号清零；

② 在车内施加均布载荷 m_0；

③ 采集数据；

④ 逐步施加垂向载荷，使得车体总质量等于 m_1；

⑤ 采集数据；

⑥ 逐步施加垂向载荷，使得车体总质量等于 $1.1\,m_1$；

⑦ 采集数据；

⑧ 逐步施加垂向载荷，使得车体总质量等于 m_1+m_2；

⑨ 采集数据；

⑩ 逐步施加垂向载荷，使得车体总质量等于 $1.3\,(m_1+m_2)$；

⑪ 采集数据；

⑫ 卸掉垂向载荷；

⑬ 检查传感器信号是否回到零位。

试验数据整理：

各工况下的应力和位移值，可通过式（7–1）和式（7–2）求得：

$$\sigma_{\text{工况载荷}}=\sigma_{m_0}+\sigma_{\text{工况载荷}-m_0} \tag{7–1}$$

$$D_{\text{工况载荷}}=D_{m_0}+D_{\text{工况载荷}-m_0} \tag{7–2}$$

式中：σ 为应力值；D 为位移值。

3. 整备状态下一位端地板上方 150 mm 高度、400 kN 压缩载荷试验 LC3

车体水平支承在假台车上，二位端纵向支承在车钩底座上。

试验步骤：

① 传感器信号清零；

② 逐步施加纵向压缩载荷至 400 kN；

③ 采集数据；

④ 卸掉纵向压缩载荷；

⑤ 采集数据；

⑥ 卸掉垂向载荷。

试验数据整理：

本试验工况下的应力值，可通过式（7-3）求得：

$$\sigma_{400\,kN+m_1} = \sigma_{400\,kN} + \sigma_{m_1} \tag{7-3}$$

4. 整备状态下一位端车身腰带高度、300 kN 压缩载荷试验 LC4

车体水平支承在假台车上，二位端纵向支承在车钩底座上。

试验步骤：

① 传感器信号清零；

② 逐步施加纵向压缩载荷至 300 kN；

③ 采集数据；

④ 卸掉纵向压缩载荷；

⑤ 采集数据；

⑥ 卸掉垂向载荷。

试验数据整理：

本试验工况下的应力值，可通过式（7-4）求得：

$$\sigma_{300\,kN+m_1} = \sigma_{300\,kN} + \sigma_{m_1} \tag{7-4}$$

5. 整备状态下一位端上边梁高度、300 kN 压缩载荷试验 LC5

车体水平支承在假台车上，二位端纵向支承在车钩底座上。

试验步骤：

① 传感器信号清零；

② 逐步施加纵向压缩载荷至 300 kN；

③ 采集数据；

④ 卸掉纵向压缩载荷；

⑤ 采集数据；

⑥ 卸掉垂向载荷。

试验数据整理：

本试验工况下的应力值，可通过式（7-5）求得：

$$\sigma_{300\,kN+m_1} = \sigma_{300\,kN} + \sigma_{m_1} \tag{7-5}$$

6. 整备状态下二位端地板上方 150 mm 高度、400 kN 压缩载荷试验 LC6

车体水平支承在假台车上，一位端纵向支承在车钩底座上。

试验步骤：

① 传感器信号清零；

② 逐步施加纵向压缩载荷至 400 kN；

③ 采集数据；

④ 卸掉纵向压缩载荷；

⑤ 采集数据；

⑥ 卸掉垂向载荷。

试验数据整理：

本试验工况下的应力值，可通过式（7-6）求得：

$$\sigma_{400\,\mathrm{kN}+m_1} = \sigma_{400\,\mathrm{kN}} + \sigma_{m_1} \qquad (7\text{--}6)$$

7. 整备状态下二位端车身腰带高度、300 kN 压缩载荷试验 LC7

车体水平支承在假台车上，一位端纵向支承在车钩底座上。

试验步骤：

① 传感器信号清零；

② 逐步施加纵向压缩载荷至 300 kN；

③ 采集数据；

④ 卸掉纵向压缩载荷；

⑤ 采集数据；

⑥ 卸掉垂向载荷。

试验数据整理：

本试验工况下的应力值，可通过式（7–7）求得：

$$\sigma_{300\,\mathrm{kN}+m_1} = \sigma_{300\,\mathrm{kN}} + \sigma_{m_1} \qquad (7\text{--}7)$$

8. 整备状态下二位端上边梁高度、300 kN 压缩载荷试验 LC8

车体水平支承在假台车上，一位端纵向支承在车钩底座上。

试验步骤：

① 传感器信号清零；

② 逐步施加纵向压缩载荷至 300 kN；

③ 采集数据；

④ 卸掉纵向压缩载荷；

⑤ 采集数据；

⑥ 卸掉垂向载荷。

试验数据整理：

本试验工况下的应力值，可通过式（7–8）求得：

$$\sigma_{300\,\mathrm{kN}+m_1} = \sigma_{300\,\mathrm{kN}} + \sigma_{m_1} \qquad (7\text{--}8)$$

9. 一位端抬车试验 LC9

车体水平支承在假台车上。

试验步骤：

① 逐步施加垂向载荷，使得车体总质量等于 $1.1\,m_1$；

② 传感器信号清零；

③ 在车内一位端转向架区域施加 $1.1\,m_3$ 垂向载荷；

④ 在一位端枕外二抬车位用千斤顶将车体抬起；

⑤ 采集数据；

⑥ 卸掉 $1.1\,m_3$ 垂向载荷，落下千斤顶，恢复到原来的支承状态；

⑦ 检查传感器信号是否回到零位。

试验数据整理：

本试验工况下的应力值，可通过式（7–9）求得：

$$\left(\sigma_{1.1(m_1+m_3)}\right)_{\text{一位端抬车}} = \sigma_{1.1m_1-m_0} + \sigma_{m_0} + \sigma_{\Delta} \qquad (7\text{--}9)$$

式中：σ_Δ 为⑤测得的应力值。

10. 二位端抬车试验 LC10

车体水平支承在假台车上。

试验步骤：

① 逐步施加垂向载荷，使得车体总质量等于 $1.1\,m_1$；

② 传感器信号清零；

③ 在车内二位端转向架区域施加 $1.1\,m_3$ 垂向载荷；

④ 在二位端枕外二抬车位用千斤顶将车体抬起；

⑤ 采集数据；

⑥ 卸掉 $1.1\,m_3$ 垂向载荷，落下千斤顶，恢复到原来的支承状态；

⑦ 检查传感器信号是否回到零位。

试验数据整理：

本试验工况下的应力值，可通过式（7–10）求得：

$$\left(\sigma_{1.1(m_1+m_3)}\right)_{二位端抬车} = \sigma_{1.1m_1-m_0} + \sigma_{m_0} + \sigma_\Delta \tag{7–10}$$

式中：σ_Δ 为⑤测得的应力值。

11. 整车抬车试验 LC11

车体水平支承在假台车上。

试验步骤：

① 逐步施加垂向载荷，使得车体总质量等于 $1.1\,m_1$；

② 传感器信号清零；

③ 在车内两端转向架区域各施加 $1.1\,m_3$ 垂向载荷；

④ 在枕内 4 个抬车位用千斤顶将车体抬起；

⑤ 采集数据；

⑥ 卸掉 $2\times1.1\,m_3$ 垂向载荷，落下千斤顶，恢复到原来的支承状态；

⑦ 检查传感器信号是否回到零位。

试验数据整理：

本试验工况下的应力值，可通过式（7–11）求得：

$$\left(\sigma_{1.1(m_1+2m_3)}\right)_{整车抬车} = \sigma_{1.1m_1-m_0} + \sigma_{m_0} + \sigma_\Delta \tag{7–11}$$

式中：σ_Δ 为⑤测得的应力值。

12. 整车抬车，一支承点下降 20 mm 试验 LC12

车体水平支承在假台车上。

试验步骤：

① 逐步施加垂向载荷，使得车体总质量等于 $1.1\,m_1$；

② 传感器信号清零；

③ 在车内两端转向架区域各施加 $1.1\,m_3$ 垂向载荷；

④ 在枕内 4 个抬车位用千斤顶将车体抬起，一支承点下降 20 mm；

⑤ 采集数据；

⑥ 卸掉 $2\times1.1\,m_3$ 垂向载荷，落下千斤顶，恢复到原来的支承状态；

⑦ 检查传感器信号是否回到零位。

试验数据整理：

本试验工况下的应力值，可通过式（7–12）求得：

$$(\sigma_{1.1(m_1+2m_3)})_{整车抬车-20\,mm} = \sigma_{1.1m_1-m_0} + \sigma_{m_0} + \sigma_{\Delta} \tag{7–12}$$

式中：σ_{Δ} 为⑤测得的应力值。

13. 工作状态下车钩区域 1 500 kN 压缩载荷试验 LC13

本试验工况下的数据由 1 500 kN 压缩载荷试验工况和垂向载荷 m_1 工况的数据叠加获得，应力值可通过式（7–13）求得：

$$\sigma_{1\,500\,kN+m_1} = \sigma_{1\,500\,kN} + \sigma_{m_1} \tag{7–13}$$

14. 最大载荷状态下车钩区域 1 500 kN 压缩载荷试验 LC14

本试验工况下的数据由 1 500 kN 压缩载荷试验工况和垂向载荷 m_1+m_2 工况的数据叠加获得，应力值可通过式（7–14）求得：

$$\sigma_{1\,500\,kN+m_1+m_2} = \sigma_{1\,500\,kN} + \sigma_{m_1+m_2} \tag{7–14}$$

7.1.3　试验结果的评价方法

试验工况 LC2 中的 1.3（m_1+m_2），以及 LC3～LC14 各个测点应力值不得超过材料的弹性极限。但对于局部应力集中部位，允许测得的应力值超过材料的屈服极限。应力集中引起的局部塑性变形区应足够小，卸载后不至于产生明显的永久变形（见《铁路应用　铁路车辆车体结构要求》（EN 12663:2000）第 3.4.2 节）。

试验过程中的安全与环境控制按照《试验检测控制程序》要求进行。试验中应采取措施保证安全，尤其是在调车、架车、使用天车，以及试验加载时应特别注意。

7.2　车体模态试验

车体结构由各种梁、板和车下吊挂组成，它们形成了各种集中和分布质量，是具有庞大自由度的复杂空间结构。随着列车速度逐步提高，分析车体的动力特性及振动情况，掌握车体的固有振动频率，避免诸如共振一类状况的发生至关重要。另外，从列车的舒适性考虑，也必须准确测得车辆的动力特性参数，即模态参数。由于对象的复杂性，模态参数需通过模态试验才能准确地获得。

获取准确的模态参数是机车车辆的动力学分析和振动设计的基础，模态试验是机车车辆研制过程中重要的试验项目，模态参数是鉴定机车车辆动态性能的重要指标。

7.2.1　标准分析

目前，对车体模态做出规定的国内外相关标准主要有以下几个：

《铁道车辆强度设计及试验鉴定规范》（TB/T 1335—1996）；

《机车车辆动力学性能台架试验方法》（TB/T 3115—2005）；

《200 km/h 及以上速度级铁道车辆强度设计及试验鉴定暂行规定》；

《铁路车辆车身的结构要求》（EN 12663:2010）；

《机车车辆设备　冲击和振动试验》（JIS E 4031:2008）；

《铁路应用　机车车辆设备　冲击和振动试验》（IEC 61373:2010）。

1.《铁道车辆强度设计及试验鉴定规范》（TB/T 1335—1996）

本标准的第 4.1.2 条要求：车辆设计应保证车辆在运用时，在各种载荷条件下，车体的自振频率不同于转向架的蛇行、点头等振动频率，从而在整个运用速度范围内避免产生共振现象。

第 8.9 部分要求进行振动试验：

① 建议对全部设备安装后的车辆或车体进行本试验。

② 试验采用模态分析或频谱分析的方法对车辆或车体作动态辨识，测定车辆及其重要部件的自振频率，辨识在 5～40 Hz 频率范围内进行。

③ 结果评定。

车体自振频率应不同于转向架所传递给车体的振动频率，应符合 4.1.2 的要求。

2.《机车车辆动力学性能台架试验方法》（TB/T 3115—2005）

本标准的第 4.6 部分规定了车体振动模态试验方法。

① 对装备齐全的被试车体利用试验模态分析方法进行模态识别，要求识别出 5～40 Hz 频率范围的车体振型。进行模态试验时，可采用单点激振多点测量或多点激振多点测量方法。鉴于车体较大而且结构复杂，建议优先采用多点激振多点测量方法。试验时，可采用 2～40 Hz 白噪声随机信号激振，初步确定机车车辆的模态和频率，在接近振型频率点时，再采用正弦扫描进行激振，以准确获得机车车辆的真实模态。

在进行车体模态测定时，车体采用低刚度的材料（如气囊）支撑在转向架二系悬挂点处，也可以在现车状态下，进行工作模态的测定。

② 位移或加速度传感器的测量点应至少布置在 7 个测量截面上，每一个截面的每条边不少于 3 个，如图 7-1 所示。传感器的布置可在车内，也允许在车外。

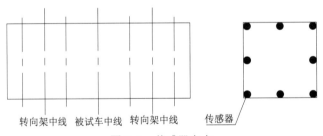

转向架中线　被试车中线　转向架中线　　　传感器

图 7-1　传感器布点

③ 评估标准：

在整备条件下，车体一阶弯曲自振频率与转向架的点头和沉浮自振频率的比值应大于 1.4；

没有检测转向架的点头和沉浮自振频率情况时，在整备条件下，车体一阶弯曲自振频率不低于 10 Hz。

3.《200 km/h 及以上速度级铁道车辆强度设计及试验鉴定暂行规定》

与《机车车辆动力学性能台架试验方法》（TB/T 3115—2005）的规定相同。

4.《铁路车辆车身的结构要求》（EN 12663：2010）

本标准第 6.9 部分规定了铁路车辆的车身和设备振动模式。

① 车身：车身固有振动模式应与（转向架）悬挂频率充分隔开或者减弱，以避免不必要的反应发生，达到满意的乘坐舒适质量。

② 设备：设备的基础振动模式应与车身结构和悬挂振动频率充分隔离或减弱，以避免不必要的反应发生。

5.《机车车辆设备　冲击和振动试验》（JIS E 4031：2008）

本标准规定了对安装在铁路机车车辆上的机械、气动、电气和电子设备或部件进行的随机振动和冲击试验的要求。

此标准采用了 IEC 61373 的相应内容，未作任何技术性修改，只是添加了一些 JIS 特有而国际标准中未曾规定的内容。

6.《铁路应用　机车车辆设备　冲击和振动试验》（IEC 61373：2010）

本标准对试验方法提出了要求。

7.2.2　试验方法

目前，青岛四方机车车辆股份有限公司对车体进行的模态试验主要参照《机车车辆动力学性能台架试验方法》（TB/T 3115—2005）的相关内容。

车体整体结构模态试验采用多点扫频激励方式进行试验。模态参数的识别利用幅频特性和相位共振原理进行辨识。试验分预试验和参数测定试验，利用频响函数特性确定车体的动刚度。

1. 铝合金车体整体结构的预试验

采用多点正弦扫描激励法和多点随机激励法分别进行预试验。分析频率范围：0～50 Hz。目的是确定共振频率的大致范围。采样频率为扫描最高频率的 20 倍，频率分辨率为 0.125 Hz。

在频响函数测定曲线上量取半功率带宽 $\Delta\omega_r$，按式（7–15）计算阻尼比：

$$\xi_r = \frac{\Delta\omega_r}{2\omega_r} \tag{7–15}$$

式中：ω_r（$=2\pi f_r$）为圆频率。

2. 铝合金车体整体结构固有频率测定试验

频率测定试验：采用正弦扫描激励法进行。扫描速度按 GB/T 11349.2—2006 建议执行：最大线性扫描速度 $<54 f_r^2 / Q^2$（Hz）。

式中：Q 为估计的共振频率上动态放大因子（$Q=1/2\xi_r$）；f_r 为估计的共振频率；ξ_r 为阻尼比。

共振频率的判断：

① 在共振峰值附近用不同的扫描速度进行重复扫描 3～5 次；

② 用同一扫描速度进行正向和反向扫描，用平均法确定该阶固有频率；

③ 重复上述步骤，直到测定出关心频带内的全部固有频率。

3. 振型测定试验

对车体在固有频率附近进行多点协调激振。测定各响应点的频响幅值并归一化。利用频响函数通过数据处理方法，结合各点的相位信息确定固有振型。

利用指示函数法检验振型的有效性。

4. 测试数据有效性检验

为保证测试数据的有效性，按 GB/T 11349.2—2006 提供如下相干函数计算方法计算试验数据的相干性，如式（7–16）所示：

$$\gamma^2(f) = \frac{\left|G_{XY}(f)\right|^2}{G_X(f)G_Y(f)} \tag{7-16}$$

式中：$G_{XY}(f)$ 为激励输入 Y 和响应输出 X 间的互谱；$G_Y(f)$、$G_X(f)$ 为激励输入 Y 和响应输出 X 的自谱。

在敏感区域的相干值不小于 0.85 为有效。

5. 试验系统

模态试验系统由信号发生装置、激振系统、测量系统、数据采集与处理系统和专用的数据分析系统组成。试验系统组成如图 7–2 所示。

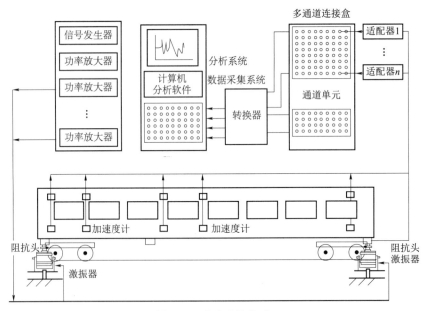

图 7–2 试验系统组成

6. 测点布置

参照 TB/T 3115—2005 和车体自身的特点，整体模态试验选取 7 个截面进行测试，由于车体为整体起振，每个截面测点数量简化为 4 个顶点处，每个测试点各设置 1 个双向加速度计，测点设置如图 7–3 所示。

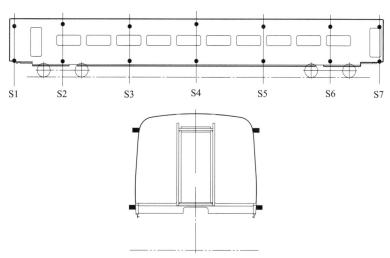

图 7-3　模态试验车体测点设置示意图

7.2.3　试验内容

1. 台架试验

（1）铝合金纯车体模态试验

该试验包括铝合金纯车体模态试验和局部模态试验。用于确定车体整体结构的模态参数（垂向弯曲、横向弯曲、扭转和菱形振动等），判定车体弹性振动模态参数是否与转向架模态参数相耦合。

车体局部模态试验用于确定车体局部（侧墙、地板、底架、端墙、司机室等）的模态振动参数（包括频率密度和间隔等），通过试验可以判定车体局部在工作状态下是否产生局部模态振动或颤振，为局部的改进提供试验依据。

（2）车体整备状态模态试验

该试验包括车体整备状态模态试验，典型吊挂设备局部模态试验和振动传递特性试验。

车体整备状态模态试验用于确定车体整体结构的模态参数（垂向弯曲、横向弯曲、扭转和菱形振动等），判定车体弹性振动模态参数是否与转向架模态参数相耦合。

悬挂系统与车体弹性模态试验用以确定：车体的沉浮、点头、侧滚、摇头和横移模态参数，以及确定构架的沉浮、点头、侧滚、摇头和横移模态参数。这些参数包括固有频率、模态振型和阻尼比等。通过试验能够对车辆悬挂的匹配性能做出评价。

车下吊挂模态试验用于确定车下吊挂与底架的模态参数，分析车下吊挂对底架和地板动力学特性的影响，判定吊挂部位工作时是否产生颤振。

振动传递特性试验通过试验方法，确定从轴箱到车体指定部位的振动传递特性和频谱，给出动力放大因子与激扰频率的关系，为车辆的动力学改进提供依据，避免动力设计上的盲目性。

2. 线路试验

该试验包括车辆在不同速度工况下的模态试验，局部模态试验和振动传递特性试验。

通过车辆在不同速度工况下的模态试验，确定车辆在不同速度工况下是否产生了模态振动。如果车辆产生了模态振动，则系统会判定哪些模态是主要的，从而为车辆的改进提供试验依据。

7.3 车钩缓冲装置试验

车钩缓冲装置型式试验包括车钩强度试验、缓冲装置性能试验，采用标准为《机车车辆缓冲器》（TB/T 1961—2006）。

7.3.1 试验内容

试验内容因车钩缓冲装置的不同而有所不同。

（1）柴田式车钩缓冲装置试验内容

柴田式车钩应进行拉伸破坏强度试验和压缩破坏强度试验，无试验标准；缓冲器应进行落锤试验，试验标准参照《机车车辆缓冲器》（TB/T 1961—2006）。

（2）10 型车钩缓冲装置试验内容

10 型车钩缓冲装置应进行整钩拉伸屈服强度试验和整钩压缩屈服强度试验，无试验标准；橡胶饼缓冲器、气液缓冲器、胶泥缓冲器等应参照《机车车辆缓冲器》（TB/T 1961—2006）进行试验。

（3）半永久车钩缓冲装置试验内容

半永久车钩缓冲装置应进行整钩拉伸屈服强度试验和整钩压缩屈服强度试验；橡胶饼缓冲器、气液缓冲器、胶泥缓冲器等应参照《机车车辆缓冲器》（TB/T 1961—2006）进行试验。

7.3.2 试验方法

1. 车钩强度试验方法

（1）拉伸破坏强度试验

采用液压试验系统，如图 7-4 所示，将两组车钩连接安装于试验台上，开始施加一定的载荷，使两组车钩的接触部位连接吻合后，开始继续施加载荷，直至其中任何一组车钩断裂为止，最终将测量结果记录下来。

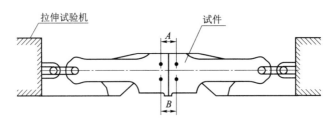

图 7-4 车钩拉伸强度试验

（2）压缩破坏强度试验

采用液压试验系统，如图 7–5 所示，将两组车钩连接安装于试验台上，开始施加一定的载荷，使两组车钩的接触部位紧贴后，开始继续施加载荷，直至其中任何一组车钩断裂为止，最终将测量结果记录下来。

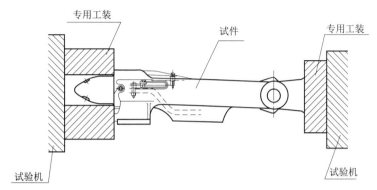

图 7–5　车钩压缩强度试验

图 7–6 所示为各试件在试验中的测量位置标记，测量标记尺寸值记录于相应表格中。

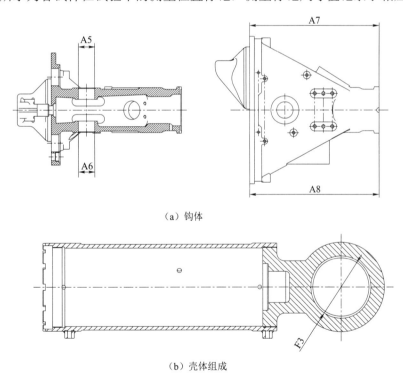

（a）钩体

（b）壳体组成

图 7–6　钩缓装置压缩屈服试验测点标记示意图

安装试件到试验台上，如图 7–7 所示，按箭头所示方向，匀速加载到 1 500 kN 压缩载荷，保持 1 min。

缓慢卸载后，分解试件后测量标记尺寸值并记录于相应表格中。

计算出试验前后标记尺寸值之差并记录于相应表格中。

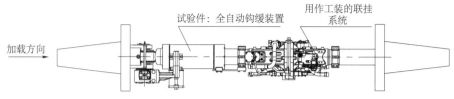

图 7-7 钩缓装置压缩屈服试验示意图

2. 缓冲器性能试验方法

缓冲器性能试验参照《机车车辆缓冲器》（TB/T 1961—2006）标准执行。

7.3.3 试验评价

由于各种车钩缓冲装置的结构、强度和缓冲器性能均不相同，所以进行试验评价时，各个试验结果应符合相应试验大纲的要求。

7.4 前罩开闭机构试验

前罩开闭机构属于高速动车组中的关键性零部件，安装在动车组司机室最前端，其结构强度及安全性能对动车组的整车安全可靠性能有很大的影响，因此对其进行强度、可靠性、高低温等型式试验是极其必要的。

型式试验的具体项目为：

① 强度试验；

② 气缸可靠性试验；

③ 高低温试验；

④ 外观、尺寸检测试验；

⑤ 称重试验；

⑥ 机构开闭功能试验。

7.4.1 强度试验

1. 试验项目指标

机构需至少承受纵向（车体前进的方向）20 kN 的载荷，此载荷根据列车前端玻璃钢前罩所承受的风阻乘以安全系数得来。

2. 试验方法和试验条件

前罩开闭机构按照实车安装状态，固定在工装上，在室温条件下进行承载破坏性试验。

① 在前罩开闭机构前端施加压力 6 kN，持续 1 min 后卸压，然后将开闭机构开闭 3 次。如果开闭机构能正常工作，继续下一步，否则结束试验。

② 在前罩开闭机构前端施加的压力每次递增 3 kN，直至增加至 20 kN。每次施加压力后，持续 1 min 卸压，然后将开闭机构开闭 3 次。

③ 机构满足试验指标后，继续试验，每次递增 4～10 kN，在施加一定的压力后，若开闭机构工作不通畅，但仍可开闭，记录下此时的压力和开闭机构中变形的部件，继续试验。

④ 如施加一定的压力后，开闭机构已完全不能正常工作，记录下此时的压力和开闭机构中变形的部件，结束试验。

7.4.2　气缸可靠性试验

1. 试验项目指标

连续运行 20 000 次无故障。

2. 试验方法和试验条件

前罩开闭机构按照实车安装状态，固定在工装上，在室温条件下进行可靠性试验。

① 前罩开闭机构按照正常运用过程中的工作模式开、闭。

② 前罩开闭机构每开闭 5 000 次，需要观察气缸、浮动接头、滑轨、轴承、结构关节等部位是否干涩，干涩部位须涂抹润滑脂。观察各螺栓连接有无松动现象，如有松动须重新涂螺纹锁固胶再进行试验。以上各情况需做记录。

③ 试验过程中，应注意检查机构开闭有无异音。如有异音，应记录下出现异音时的开闭次数，找出异音源，并做记录。

④ 试验完成后，观察机构各部件是否有变形，主要观察气缸、活塞杆、轨道等部位，以及焊缝是否有裂纹，如有应做记录。

7.4.3　高低温试验

1. 试验范围

时速 350 km 速度级动车组用前罩开闭机构。

2. 试验项目指标

–25～40 ℃。

3. 试验方法和试验条件

① 将系统设备放置于试验箱中，在约 0.5 h 内将箱内温度从试验环境温度逐渐降至 –25 ℃，在试验箱内温度稳定后放置样品 6 h，然后将开闭机构样品开闭 3 次，检验机构运动连续性及有无异常别劲和杂音现象。

② 在约 0.5 h 内将箱内温度从试验环境温度逐渐升至 40 ℃、95%RH，待试验箱内温度稳定后放置样品 6 h，然后在此温湿度下将开闭机构样品开闭 3 次，检验机构运动连续性及有无异常别劲和杂音现象。

7.4.4　外观、尺寸检测试验

1. 试验项目指标

检测开闭机构的制造尺寸及扭矩是否符合图纸要求。

2. 试验方法和试验条件

根据前罩开闭机构图纸关键尺寸要求,用以下工具对开闭机构进行全尺寸测量,如表 7-5 所示。

表 7-5　全尺寸测量所需工具

编号	名　称	规　格
1	卷尺	3.5 m
2	游标卡尺	300 mm
3	直角尺	100 mm×160 mm
4	扭力扳手	10～100 N·m

7.4.5　称重检验

1. 试验项目指标

检测开闭机构的制造重量是否符合图纸要求,控制实物重量误差在图面要求重量的 5% 以内。

2. 试验方法和试验条件

采用 3 t 电子秤对已经完工的开闭机构进行称重并记录结果。

7.4.6　机构开闭功能试验

1. 试验项目指标

使用开闭机构专用试验台检测开闭机构的开启与闭合功能是否满足要求。

2. 试验方法和试验条件

根据表 7-6 进行试验。

表 7-6　试验方法和试验条件

编号	位　置	操作任务	结　果	
			满足要求	不满足要求
1	自动开闭功能	在有风源的情况下,操作气动阀门,实现机构的手动开启和关闭		
2	紧急开启	在无风源、无电源的情况下,可实现机构的紧急开启		
3	开闭机构动作周期	开启时间约为 10 s,关闭时间约为 10 s		

第 8 章

车体检修技术

车体检修技术是确保车体及其部件安全可靠运行所进行的定期部件检测、修复、更新规范。在保障车辆运用安全的前提下，尽可能延长车体结构及附属件检修周期，方便检修、拆卸、更换附属件。

8.1 修　　程

CRH₂型动车组检修分为一级修、二级修（3 万公里或 30 天）、三级修（60 万公里或 1.5 年）、四级修（120 万公里或 3 年）、五级修（240 万公里或 6 年）。

目前车体检修主要包括车体结构、车钩缓冲装置、前罩开闭机构、前头排障装置、受电弓导流罩、车下设备舱六部分。

8.2　车体结构检修

车体结构为铝合金焊接结构，使用寿命是全寿命周期，主要检修内容如下。

① 一级修：不检查。

② 二级修：车体倾斜尺寸测量。保证 MR 压力 780 kPa 以上，将平直杆平放在钢轨上。测量同一辆车在空车时，端梁最边缘下端至轨面的垂直高度。车体倾斜（高度差）允许值：前后（两端）＜25 mm；左右（两侧）＜15 mm；对角＜25 mm。

③ 三级修：不检查。

④ 四级修：目视检查车体，包括司机室、底架、端墙、侧墙、车顶、吊座，有磨损、击伤、裂纹、腐蚀、锈蚀时修复。

⑤ 五级修：目视检查车体，包括司机室、底架、端墙、侧墙、车顶、吊座，有磨损、击伤、裂纹、腐蚀、锈蚀时修复。

8.3　车钩缓冲装置检修

①　一级修：密接车钩下部连接状态良好，密接车钩、缓冲器托板安装螺栓无松动，车钩接头、接头缓冲器、底架框架支架、支座、支座弹簧箱、滑板、释放手柄没有弯曲、裂缝、损伤。

②　二级修：车钩缓冲装置及紧固件状态检查；清理车钩连接面、钩舌和钩舌腔，去除杂物；在钩舌和钩舌腔表面涂抹摩力克 1000 润滑脂，车钩连接面涂抹 2 号极压锂基润滑脂；扳动密接式车钩解锁手柄，确认车钩锁闭机构动作良好。

③　三级修：不检修。

④　四级修：对车钩缓冲装置进行分解清洗；更换紧固件、密封件；钩体、钩舌、解构杆、缓冲器框体、横销、纵销、框接头、接头托进行磁粉探伤和尺寸检查；橡胶缓冲器尺寸检查。

⑤　五级修：对车钩缓冲装置进行分解清洗；更换紧固件、密封件、横销、纵销橡胶缓冲器；钩体、钩舌、解构杆、缓冲器框体、框接头、接头托进行磁粉探伤和尺寸检查。

8.4　前罩开闭机构检修

①　一级修：车头前罩状态良好，无损伤或变形，锁闭状态良好。

②　二级修：检查头罩开闭机构机械部分各部螺栓紧固情况，确认状态良好；清扫头罩内各部，清除杂物；检查头罩开闭机构机械部分磨耗部位润滑情况，并对磨耗部位用通用锂基润滑脂（ZL-3）进行润滑。

③　三级修：不检修。

④　四级修：清洗头罩及机械转动部位；各部位有损伤、划痕时修复；头罩（开闭侧）开闭灵活顺畅，头罩除底面的其他面和车体闪缝均匀，关闭状态下两头罩中间缝隙小于 5 mm。查看头罩安装螺栓和开闭机构安装螺栓防松标记状态；清理气缸杆部活动接头、锁销、限位开关、空气配管、气缸的灰尘、污垢；各部件安装良好，主体框架、滑动面板、螺栓、螺母不得松动、缺失，管路、气缸无漏泄；开闭气缸限位开关的安装位置检测；直线导轨和转动支撑等滑动部位涂抹润滑脂。

⑤　五级修：对头罩开闭装置分解清洗；对部件状态检查，状态不良需修复或更新；紧固件更新；非分离密封型滚子从动件直径小于 34.5 mm 时更新；开闭机构各零部件超过限度中尺寸时更换；轴承无油垢、剥离、裂纹。

8.5　前头排障装置检修

①　一级修：车体排障装置底部、辅助排障装置外观及安装状态良好，辅助排障装置距轨面高度符合限度要求。

② 二级修：不检修。

③ 三级修：检查排障橡胶距轨面高度。

④ 四级修：清除排障装置的灰尘、污垢，面漆有不平滑、开裂、剥离、脱落的部位，需进行修复并补漆；各紧固件无松动，防松标记对齐且完好；目视检查排障板、缓冲板及其吊座，如有裂纹、破损、焊缝开裂等缺陷时须焊修。排障板四周与车体四周的间隙要均匀；前头排障装置排障橡胶距轨面高度（25±5）mm，如果调整不到位或磨损严重则须更换，更换后高度尺寸按新造车要求调整。

⑤ 五级修：排障橡胶、排障橡胶盖板、缓冲板及支撑从车上拆下并清除灰尘、污垢；排障板、排障板吊座、缓冲板、缓冲板吊座、缓冲板支撑、排障板支撑、玻璃钢盖板安装托架、排障板盖板、排障橡胶盖板、固定罩安装座、螺栓止转板、排障橡胶密封盖板外观良好，有裂纹、破损、腐蚀、锈蚀时修复；排障板、缓冲板、缓冲板支撑、排障板盖板、排障橡胶盖板、排障橡胶密封盖板紧固件须更新，按扭矩表中扭矩紧固并涂防松标记；排障板与车体之间的间隙允许范围为 6~12 mm，同一辆车的不同部位间隙差≤4 mm；内、外侧排障橡胶更新；排障橡胶压板与排障板之间的间隙≤4 mm。

8.6　受电弓导流罩检修

① 一级修：不检修。

② 二级修：目视检查受电弓导流罩状态；玻璃钢开裂、破损须修复；受电导流罩玻璃钢与铝梁之间铆钉松动的须更换拉铆钉，铆钉孔出现损伤则须采用比原用铆钉大一号的铆钉重新铆接；若出现上述情况则很可能是内部肋板与外罩体之间产生了开裂，须更换导流罩；检查紧固件安装状态；导流罩罩体内表面与安装铝梁之间的密封胶脱落须重新打胶。

③ 三级修：不检修。

④ 四级修：对导流罩进行状态检查；导流罩有开裂、破损时须修复或更换导流罩；受电弓导流罩罩体可视内表面与加强肋之间有开裂、破损时更换导流罩；受电弓导流罩玻璃钢与铝梁之间铆接紧固，松动时更换拉铆钉，如铆钉孔出现损伤则须采用比原用铆钉大一号的铆钉重新铆接；受电弓导流罩罩体内表面与安装铝座之间的密封胶有脱落须重新打密封胶。

⑤ 五级修：对导流罩进行状态检查；导流罩有开裂、破损时修复或更换导流罩；受电弓导流罩罩体可视内表面与加强肋之间有开裂、破损时更换导流罩；受电弓导流罩玻璃钢与铝梁之间铆接松动时更换拉铆钉，如铆钉孔出现损伤则须采用比原用铆钉大一号的铆钉重新铆接；受电弓导流罩罩体内表面与安装铝座之间的密封胶有脱落须重新打密封胶；更新所有受电弓导流罩与安装座之间的固定螺栓及防松薄板，更新检查盖板紧固件。

8.7　车下设备舱检修

① 一级修：设备舱底板、端板、骨架、防雪板无变形、裂纹、缺损，安装螺栓紧固（弹垫开口不大于 2 mm）、无缺失，端板检查门无异常，底板各密封胶条无缺失。

② 二级修：不检修。

③ 三级修：换气装置处对应的设备舱底板、裙板、骨架边梁拆下，底板、裙板、骨架边梁状态不良时须修复；骨架边梁处更新锁紧螺母，裙板及底板处更新弹簧垫圈；换气装置检修完毕后恢复相应的底板、裙板、骨架边梁的安装。

④ 四级修：裙板、底板、骨架边梁、防雪板、端板等分解检修，清除各部灰尘、污垢。裙板、底板、端板、防雪板、骨架及其零部件有缺损、裂纹、腐蚀、焊缝开裂时修复或更换；铰链、滚轮、端部活门插销等状态不良时修复或更新；铆钉松、脱时重新铆接；不锈钢件变形且无裂纹时可调修。玻璃钢件胶衣龟裂、脱落时修补，基体破损时更换。裙板活门用锁（弹力锁及碰锁）状态检查，状态不良或损坏的零部件修复或更换。裙板过滤网状态不良时修复，破损严重时更新。裙板活门密封胶条全部更换，裙板活门吊带不良时修复或更新。拆卸的螺栓、螺母及弹簧垫圈须更新；空调、换气、制动装置部位的底板螺丝座须更新，其他螺丝座状态不良时更新；设备舱骨架上铝包铁螺丝座腐蚀严重或螺纹状态不良时，须更换为特种螺钉座；螺栓规格检查符合原设计要求；紧固螺钉松动时更新，M8 及以下的螺钉紧固时须涂抹螺纹锁固剂。裙板、底板安装牢固，板间间隙为 2～10 mm。裙板、骨架边梁重新喷漆，原位修的骨架盖板安装梁、托架等表面找补漆。

⑤ 五级修：裙板、底板、骨架边梁、防雪板、端板等分解检修，清除各部灰尘、污垢。裙板、底板、端板、防雪板、骨架及其零部件有缺损、裂纹、腐蚀、焊缝开裂时修复或更换；铰链、滚轮、端部活门插销等状态不良时须修复或更新；铆钉松、脱时重新铆接；不锈钢件变形且无裂纹时可调修。玻璃钢件胶衣龟裂、脱落时修补，基体破损时更新。裙板活门用锁（弹力锁及碰锁）状态检查，状态不良或损坏的零部件修复或更新。裙板过滤网状态不良时修复，破损严重时更新。裙板活门密封胶条全部更新，裙板活门吊带不良时修复或更新。拆卸的螺栓、螺母及弹簧垫圈更新；空调、换气、制动装置部位的底板螺丝座更新，其他螺丝座状态不良时更新；设备舱骨架上铝包铁螺丝座腐蚀严重或螺纹状态不良时，更换为特种螺钉座；进行螺栓规格符合性检查并修复；紧固螺钉松动时更新，M8 及以下的螺钉紧固时须涂抹螺纹锁固剂。裙板、底板安装牢固，板间间隙均匀。裙板、骨架重新喷漆。裙板脚踏板安装用铝质 POP 铆钉全部更新。

参 考 文 献

[1] 亚牛，廉洁. 漫话车辆. 北京：中国铁道出版社，2009.
[2] 钱立新. 世界高速铁路技术. 北京：中国铁道出版社，2003.
[3] 田红旗. 列车空气动力学. 北京：中国铁道出版社，2007.